_____ 님께

예수님의 생애에서
능력이 되고 기적이 되고 생명이 되었던
7가지 블레싱을 경험하시기 바랍니다.
당신을 사랑하시는 하나님은
오늘도 축복의 손길을 내밀고 계십니다.
믿음으로 응답하시면
놀라운 역사가 일어날 것입니다.

날마다 복음의 능력과 축복을 누리는
복된 인생 사시기를 축원합니다.

_____ 드림

예수님의 7블레싱

예수님의 7블레싱

지은이 | 하용조
초판 발행 | 2019. 7. 24
2쇄 발행 | 2019. 8. 5
등록번호 | 제1988-000080호
등록된 곳 | 서울특별시 용산구 서빙고로 65길 38
발행처 | 사단법인 두란노서원
영업부 | 2078-3352 FAX | 080-749-3705
출판부 | 2078-3331

책값은 뒤표지에 있습니다.
ISBN 978-89-531-3537-6 03230

독자의 의견을 기다립니다.
tpress@duranno.com www.duranno.com

두란노서원은 바울 사도가 3차 전도여행 때 에베소에서 성령 받은 제자들을 따로 세워 하나님의 말씀으로 양육하던 장소입니다. 사도행전 19장 8-20절의 정신에 따라 첫째 목회자를 돕는 사역과 평신도를 훈련시키는 사역, 둘째 세계선교(TIM)와 문서선교 (단행본·잡지) 사역, 셋째 예수문화 및 경배와 찬양 사역, 그리고 가정·상담 사역 등을 감당하고 있습니다. 1980년 12월 22일에 창립된 두란노서원은 주님 오실 때까지 이 사역들을 계속할 것입니다.

복음의
능력과
축복

예수님의 7 블레싱

하용조
지음

두란노

목차

서문 8

Blessing 1
~~~~~~~~~~
자녀 됨의
축복

복음을 믿으면 '이미'
하나님의 자녀가
되었습니다 16

**축복은 이미 주어졌다 ㅣ 믿음의 실체, 예수 그리스도 ㅣ 예
수님은 어떤 분이신가 ㅣ 마귀의 유혹을 경계하라 ㅣ 하나님
앞에 당당한 자녀**

~~~~~~~~~~
자녀 됨의 능력과 축복을 구하는 기도 41

Blessing 2

죄 사함의
축복

복음을 믿으면 '이미'

모든 죄에서 구속함을 받았습니다 42

복음은 능력이요 축복이다 ｜ 예수님의 7블레싱의 3가지 공통점 ｜ 죄 사함의 원리 ｜ 예수님께 있는 죄 사함의 권세 ｜ 죄 사함의 선행 조건은 '믿음' ｜ 선포할 때 기적이 일어난다 ｜ 죄 사함과 병 고침은 동시적이다

죄 사함의 능력과 축복을 구하는 기도 67

Blessing 3

해방됨의
축복

복음을 믿으면 '이미'

죄와 사망의 법에서 해방되었습니다 68

죄와 사망에서 해방됨의 축복 ｜ 그리스도 안에서 정죄함은 없다 ｜ 해방됨의 원리 ｜ 믿음으로 축복을 선포하라 ｜ 죄에서 자유함을 선언하라

해방됨의 능력과 축복을 구하는 기도 89

Blessing 4

치유됨의
축복

복음을 믿으면 '이미'

모든 아픔에서
치유되었습니다 90

인간의 모든 질고를 담당하신 예수님 ┃ 치유의 기적은 '현재진행형' ┃ 하나님과 우리의 부자 관계 정립 ┃ 치유의 시작은 예수님께 대한 믿음 ┃ 고백할 때 치유가 시작된다 ┃ 의심, 공포, 마귀를 이기고 믿음으로

치유됨의 능력과 축복을 구하는 기도　114

Blessing 5

의롭다
하심의
축복

복음을 믿으면 '이미'

의인이
되었습니다 116

하나님의 은혜 안에 들어가는 비결 ┃ 믿음의 3가지 충족 조건 ┃ 영을 의롭게 변화시키는 능력의 말씀 ┃ 믿는 자에게 "의롭다"고 선언하신 하나님 ┃ 의로움을 인정받은 근거 ┃ 의로움을 얻는 4가지 단계

의롭다 하심의 능력과 축복을 구하는 기도　136

Blessing 6

기도
응답의
축복

복음을 믿으면 '이미'
우리의 기도는
응답되었습니다 138

기도 응답, 믿음의 현실화 ∣ 믿음을 자라게 하는 기도 ∣ 기도 응답은 이미 이루어진 것

기도 응답의 능력과 축복을 구하는 기도 148

Blessing 7

성령
세례의
축복

복음을 믿으면 '이미'
성령의 능력을
받았습니다 150

성령에 대해 무지한 현상 ∣ 회개를 위한 요한의 물세례 ∣ 영적 충만을 위한 성령세례 ∣ 예수님이 성령과 불로 세례를 주심 ∣ 이미 임한 성령세례에 대한 믿음 ∣ 오순절, 첫 성령 강림 사건 ∣ 믿는 자들 안에 거하시는 성령님

성령세례의 능력과 축복을 구하는 기도 172

2005년을 맞고 나서 저는 3주 동안 미국 시애틀, LA 등지를 돌면서 집회를 인도하며 바쁜 일정을 보냈습니다. 한 호텔에 머물면서 말씀을 준비하던 중 은혜가 충만해 새벽 1시쯤 기록을 마친 후 1시간 동안 손을 들고 하나님 앞에 선포했습니다. 성령의 기름 부으심이 있었던 그 특별한 은혜를 "예수님의 7블레싱"이라는 제목으로 7장에 걸쳐 함께 나누기를 원합니다.

예수님의 7블레싱은 7가지 복음의 능력과 축복을 의미하는데, 자녀 됨의 축복, 죄 사함의 축복, 해방됨의 축복, 치유됨의 축복, 의롭다 하심의 축복, 기도 응답의 축복, 성령세례의 축복입니다.

예수님의 7블레싱에서 공통적으로 발견되는 2가지 특징이 있습니다. 먼저, 과거형이라는 것입니다. 은혜는 '이미 이루어졌다'는 과거형입니다. 영적 능력과 축복은 장차 오는 것이 아닙니다. 단지 우리가 사용하지 않거나 무시하고 있을 뿐 이미 주어진 것이요, 이미 이루어진 것입니다. 우리가 오랫동안 교회를 다녀도 영적 빈곤과 삶의 무기력함을 느끼는 결정적인 이유가 바로 여기 있습니다. 복음의 능력과 축복을 장차 올 것으로 여기기 때문입니다.

부모는 자녀가 태어나서 자라는 모습을 보고 사랑에 빠지는 것이 아닙니다. 배 속에 아기를 잉태한 순간부터 조건 없이, 본능적으로 자녀를 사랑하게 됩니다. 마찬가지로 하나님은 이미 우리를 사랑하기로 결정하셨습니다. 하나님은 우리를 부르심과 동시에 무한한 사랑을 베푸십니다. 따라서 진정한 영적 능력과 축복은 과거형인 것입니다.

예수님의 7블레싱의 공통점 중 또 하나는 복음의 능력과 축복을 이미 이루어진 것으로 믿고 선포하면 실제로 발견하게 된다는 단순한 진리입니다. 7가지 복음의 능력과 축복을 이야기하는 말씀을 보면 한결같이 "네가 믿으면"이라는 믿음의 전제가 달려 있다는 것을 알 수 있습니다. 예를 들어, 하나님이 이미 우리의 질병을 치유하셨는데 우리에게 치유의 기적이 일어나지 않는 이유가 무엇입니까? 우리가 그 사실을 믿지 않기 때문입니다. 믿어야 치유됨의 축복이 실재가 됩니다.

요한복음 11장 4절에는 예수님이 나사로가 죽었다는 소식을 듣고 하신 말씀이 기록되어 있습니다. "이 병은 죽을병이 아니라 하나님의 영광을 위함이요 하나님의 아들이 이로 말미암아 영광을 받게 하려 함이라." 믿으면 하나님의 영광을 볼 것이라는 뜻입니다. 우리도 하나님의 말씀을 믿어야 합니다.

요즘 대한민국 국민이라면 초등학생부터 어르신들까지 대부분 소지하고 있는 것이 있는데, 바로 휴대전

화입니다. 우리는 휴대전화를 꺼내 숫자를 누르기만 하면 원하는 상대와 언제든지 통화할 수 있습니다. 마찬가지로 예수님을 믿는 사람이라면 누구에게나 7가지 복음의 능력과 축복이 이미 주어져 있습니다. 단지 유감스럽게도 사용하지 않고 있을 뿐입니다. 만약 우리가 성경에 기록된 그대로 믿고 선포하기만 한다면 그 능력과 축복은 바로 우리의 것이 될 것입니다.

그런데 은혜가 충만했던 그날 밤, 저는 이미 주어진 7가지 복음의 능력과 축복을 깊이 묵상하는 중에 스스로에게 문제가 있다는 사실을 발견했습니다. 어떤 부분은 확실히 믿고 있는데, 어떤 부분은 의심하고 제대로 믿지 않고 있었습니다.

예수 그리스도를 믿으면 구원을 받고, 죄 사함을 얻고, 천국에 간다는 축복(죄 사함의 축복)은 말만 해도 가슴이 뜨거워졌습니다. 그러나 예수님이 인간의 모든 병과 질고를 치유하신 축복(치유됨의 축복)은 잘 믿어지지가 않았습니다. 왜냐하면 저는 암이 6회나 재발했기 때문입니다. 지금도 고혈압에 당뇨가 있으며 신장이 좋지 않은 상태입니다. 그래서 "예수님이 치유하셨다"라고 선포하기를 주춤거리게 되고 선언하지 않는 저 자신을 발견하게 되었습니다.

이처럼 우리는 어떤 부분에서는 영적으로 축복을 누리고 확실히 선포합니다. 하지만 어떤 부분에서는, 즉 고난을 당하거나, 사업이 안되거나, 현실이 고통스럽거나, 아무리 기도해도 병이 낫지 않을 때는 그 부분에서의 축복을 포기해 버리고 맙니다. 저는 그 사실을 발견하고 굉장히 놀랐습니다. "예수님이 십자가를 지심으로써 인간의 병과 질고를 모두 해결하셨다"고 수없이 말했으면서도 실제로 저 자신은 그 사실을 믿지 못하고 선포하지 못했던 것입니다.

그 깨달음을 얻은 후 저는 1시간 동안 손을 들고 선포했습니다. 그러자 회복이 일어났고, 성령의 기름 부으심이 있었습니다. 요즘 저는 하루에 100회 이상 1,000회까지 "네 병은 치유되었느니라"라고 선포합니다. 비록 현실적으로는 아직 치유되지 않았지만, 그 비밀을 발견한 그날 밤에 하나님의 역사가 이루어졌다고 믿습니다.

인간은 오랫동안 고난을 당하고 질병을 앓게 되면 그 병과 현상에 짓눌립니다. 그러나 현상이나 합리성, 인간적인 생각을 버리고 성경의 원리를 믿으며 계속해서 선포해 나가면 성령의 기름 부으심과 역사를 체험하게 됩니다. 그 사실을 믿음으로 받아들이면 기적이 일어납니다.

대부분의 사람들은 복음의 능력과 축복을 믿지 않습니다. 우리는 믿어야 합니다. 우리가 믿을 때 하나님

13

이 하나님의 방법으로 우리에게 역사하시고 우리를 치유하시기 때문입니다. 은혜는 자물쇠요, 믿음은 열쇠로 표현할 수 있습니다. 하나님의 선물인 은혜를 믿음으로 받아들이기만 하면 기적을 체험하게 됩니다. 열쇠를 사용하지 않으면 자물쇠는 항상 잠긴 상태 그대로입니다. 우리는 은혜의 자물쇠에 믿음의 열쇠를 꽂아 돌려야 합니다. 그러면 저주가 이미 떠났고, 병이 치유되었고, 사망 권세에서 구원받은 놀라운 영적 은혜가 우리의 삶과 사고방식에 흘러넘치기 시작합니다.

그런 시선으로 우리의 미래를 바라보면 매우 희망적입니다. 하나님이 친히 다스리시기 때문입니다. 하나님이 우리를 지켜 주시기 때문입니다. 우리 안에 성령이 주시는 믿음이 들어오면 미운 사람도 사랑스러워지고, 용서 못할 사람도 없어지고, 어떤 악조건 속에서도 살아나는 영적 에너지가 분출됩니다.

우리를 볼 때는 희망이 없습니다. 하지만 우리가 믿을 때 하나님이 이미 허락하신 복음의 능력이 역사하기 때문에 우리는 희망이 있습니다. 새로워질 수 있습니다. 우리의 삶을 통해 복음의 능력과 축복이 드러날 것입니다.

¹ 태초에 말씀이 계시니라 이 말씀이 하나님과 함께 계셨으니 이 말씀은 곧 하나님이시니라 ² 그가 태초에 하나님과 함께 계셨고 ³ 만물이 그로 말미암아 지은 바 되었으니 지은 것이 하나도 그가 없이는 된 것이 없느니라 ⁴ 그 안에 생명이 있었으니 이 생명은 사람들의 빛이라 ⁵ 빛이 어둠에 비치되 어둠이 깨닫지 못하더라 ⁶ 하나님께로부터 보내심을 받은 사람이 있으니 그의 이름은 요한이라 ⁷ 그가 증언하러 왔으니 곧 빛에 대하여 증언하고 모든 사람이 자기로 말미암아 믿게 하려 함이라 ⁸ 그는 이 빛이 아니요 이 빛에 대하여 증언하러 온 자라 ⁹ 참 빛 곧 세상에 와서 각 사람에게 비추는 빛이 있었나니 ¹⁰ 그가 세상에 계셨으며 세상은 그로 말미암아 지은 바 되었으되 세상이 그를 알지 못하였고 ¹¹ 자기 땅에 오매 자기 백성이 영접하지 아니하였으

복음을 믿으면 '이미'

하나님의 자녀가
되었습니다

나 **12** 영접하는 자 곧 그 이름을 믿는 자들에게는 하나님의 자녀
가 되는 권세를 주셨으니 **13** 이는 혈통으로나 육정으로나 사람
의 뜻으로 나지 아니하고 오직 하나님께로부터 난 자들이니라
14 말씀이 육신이 되어 우리 가운데 거하시매 우리가 그의 영광
을 보니 아버지의 독생자의 영광이요 은혜와 진리가 충만하더
라(요 1:1-14).

축복은
이미 주어졌다

우리가 항상 사용할 수 있는 예수님의 7블레싱 중에서 첫 번째는 요한복음 1장 12절, "영접하는 자 곧 그 이름을 믿는 자들에게는 하나님의 자녀가 되는 권세를 주셨으니"라는 말씀에서 찾아볼 수 있습니다. 바로 자녀 됨의 능력과 축복입니다.

사실 우리는 이 말씀을 충분히 이해하고 있고 외우고 있을 정도입니다. 그런데 이 말씀이 우리에게 큰 의미로 다가오지가 않습니다. 이유가 무엇일까요? 중요한 한 단어에 관심을 기울이지 않기 때문입니다. '주다'라는 동사가 과거형임을 간과하고 있는 것입니다. '주셨으니'입니다. 영어 성경을 보면, '주다'라는 동사가 현재형인 'give'도 아니고 미래형인 'will give'도 아닙니다. 분명히 과거형인 'gave'입니다. 하나님이 이미 우리에게 하나님의 자녀가 되는 권세를 주신 것입니다.

우리는 여기에 주목해야 합니다. "주셨다" 하고 지나가면 어떤 능력도 나타나지 않습니다. 은혜의 자물쇠에 믿음이라는 열쇠를 꽂아 돌려서 뚜껑을 열어 봐야만 합니다. 그때 비로소 하나님의 자녀 됨의 능력과 축복이 우리에게 쏟아지기 시작합니다.

그렇다면 하나님의 자녀 됨의 능력과 축복은 누구에게 주어집니까? 그 이름을 믿는 자들입니다. 하나님은 '영접하는 자 곧 그 이름을 믿는 자들'에게 하나님의 자녀가 되는 권세를 주셨습니다.

믿으면 능력과 축복이 나타나기 시작합니다. 우리가 믿지 않는다면 복음의 능력과 축복은 우리와 아무 관련이 없습니다. 제 경우, 잘 믿지 않으니까 암이 계속 재발되는 것입니다. 그래서 저는 자문해 보았습니다. "네가 진정 믿느냐?"라고 말입니다. 1시간 정도 곰곰이 생각해 보니, 저에게 문제가 있었습니다. **19**

제 마음속에는 6회나 암이 재발했다는 상처가 자리를 잡고 있었던 것입니다. 저는 '암이 재발하면 수술을 받아야 하고 독한 약을 먹어야 한다'는 생각에 사로잡혀 있었습니다. 그러다 보니 어느덧 질병의 노예로 살고 있었습니다.

그러나 이런 상황을 박차고 일어나 이미 주어진 복음의 능력과 축복을 믿고 선포하기 시작하면 놀라운 일이 일어납니다. 예수의 이름을 믿는 것이 하나님의 자녀 됨의 전제 조건이요, 그 이름을 믿는 자에게 하나님의 자녀 됨의 능력과 축복이 이미 주어졌다는 사실을 우리는 기억해야 합니다.

문제는 그 믿음이 무엇이냐는 것입니다. 우리가 예수 그리스도의 이름을 믿는다는 것은 예수님의 말씀을 그대로 믿는 것을 의미합니다. 합리적인 내 사고, 이성적이고 자연적이고 역사적이고 지적인 내 생각이 기적을 만들어 내는 것이 아닙니다. 믿음이 기적을 일으킵니다.

또한 예수 그리스도의 이름을 믿는다는 것은 예수님을 거절하거나 의심하지 않고 영접한다는 의미입니다. 그러므로 '영접'(환영, 받아들임)이라는 말과 '믿음'은 동의어인 것입니다. 그리스도의 십자가 보혈의 능력을 거절하지 않고 받아들이고 믿는다면 하나님의 자녀가 되는 능력과 축복이 이미 주어졌습니다.

인간은 논리적이거나 과학적으로 증명된 내용에 동의하는 성향을 갖고 있습니다. 그러나 성경에서 말하는 믿음이란 논리나 과학에 기초한 것이 아니라, 믿음의 주요 온전하게 하시는 예수 그리스도를 바라보는 것입니다(히 12:2). 하나님의 기적, 치유, 부활은 이론적으로 설명할 수가 없습니다. 믿음은 선물입니다. 진정한 믿음은 내가 스스로의 힘으로 믿는 것이 아니라 성령의 기름 부으심으로 믿음의 선물을 받아들일 때 가능합니다. 그 믿음이 기적을 만들어 내는 것입니다.

믿음의 실체,
예수 그리스도

참 믿음은 예수 그리스도를 믿는 것이요, 예수님을 환영하고, 예수님의 능력을 받아들이는 것입니다. 사실 참 믿음을 갖기란 정말 어려운 일입니다. 얼핏 됩니다. 깊이는 안 됩니다. 따라서 우선적으로 그 믿음의 실체가 무엇인지 알아야 합니다. 믿음의 실체는 바로 예수 그리스도이십니다. 우리가 믿음의 실체이신 예수님께 계속해서 접근해 가고 믿음을 가지고 나아가면 놀랍게도 그분을 바라보는 믿음이 내 안에 쑥 들어옵니다. 내 이성의 세계를 뚫고, 자연적이고 과학적인 내 경험의 세계를 뚫고, 내 육체적인 사고의 세계를 뚫고, 견고한 모든 틀을 뚫어 버리고 복음의 능력이 임하기 시작합니다.

성경에서 죽은 자가 살아날 수 있다는 것을 가장 믿지 못한 사람은 마르다입니다. 예수님이 "나사로가 다시 살리라"고 말씀하시자, 마르다는 "마지막 날 부활 때에는 다시 살아날 줄을 내가 아나이다"(요 11:24)

라고 대답했습니다. 예수님을 지극히 사랑하고, 따라다니고, 그분의 말씀을 들었지만 오라비가 지금 살 것이라는 예수님의 말씀은 절대로 믿을 수 없었던 것입니다. 마르다에게는 그녀의 경험의 세계, 이성의 세계, 상식의 세계를 예수님의 말씀이 뚫고 들어갈 길이 없었습니다.

예수님은 그런 마르다에게 "아니다. 지금 살아날 것이다. 네가 믿으면 하나님의 영광을 보리라"고 말씀하셨습니다. 다시 말해, "네가 경험과 이성과 상식의 세계를 뚫고 내 말을 받아들이면 나사로가 살아나는 것을 보게 되리라"고 말씀하신 것입니다. 이 말씀은 오늘 우리에게도 동일하게 적용됩니다.

마태복음 17장에서 한 사람이 귀신 들린 아들을 데리고 제자들에게 갔으나 고침 받지 못했습니다. 그는 아이를 예수님께로 데려갔고, 예수님이 귀신을 쫓아주셔서 아이는 치유되었습니다. 이때 제자들이 조용히 예수님께 와서 물었습니다. "우리는 어찌하여 쫓아내지 못하였나이까"(마 17:19).

같은 원리입니다. 현상을 봤는데 믿지는 않았던 것

입니다. 예수님의 제자들은 부활을 목격했지만 믿지는 않았습니다. 자기 눈으로 부활을 봤음에도, 십자가에 못 박혀 죽으신 예수 그리스도를 봤는데도 믿어지지 않는 것이 우리의 이성입니다. 우리는 이성의 문을 뚫어야 합니다.

믿음의 세계는 불합리한 세계라는 의미가 아닙니다. 이성의 세계와 믿음의 세계를 놓고 볼 때 믿음의 세계는 무조건 감정적이고, 논리도 없으며, 주먹구구식이라고 생각한다면 큰 착각입니다. 믿음의 세계는 이성의 세계가 감당할 수 없는, 인간의 이성을 뚫는 또 다른 영적인 차원인 것입니다.

요한복음 3장에 기록된 예수님과 니고데모의 대화를 떠올려 보십시오. 예수님이 니고데모에게 거듭나야 한다고 말씀하시자 니고데모는 이 말씀을 이해하지 못하고 '거듭난다'는 것이 무엇이냐고 물었습니다. 이에 예수님은 물과 성령으로 다시 나야 한다고 영적인 차원에서 말씀해 주셨습니다.

앞서 귀신 들린 아들을 예수님께 데려간 아버지의 이야기는 병행 본문인 마가복음 9장에 더 자세히 기록되어 있습니다. 아버지는 예수님께 '무엇을 하실 수 있거든' 아들의 병을 고쳐 달라고 했습니다. 그 말을 들으신 예수님은 아이의 병을 고쳐 주시기 전에 그의 말부터 고쳐 주셨습니다. "네가 그런 식으로 기도하기 때문에 아무 일도 일어나지 않는 것이다. 할 수 있거든이 무슨 말이냐 믿는 자에게는 능히 하지 못할 일이 없느니라. 네가 이런 믿음을 가지고 기도한다면 상황은 달라질 것이다." 그러자 아버지는 곧 말을 바꾸어 "내가 믿나이다"라고 했습니다.

그런데 말을 바꾸었으나 진짜 믿어집니까? 이것이 우리의 고민입니다. 말도 바꾸었고 "아멘", "할렐루야"다 고백했는데 실제로는 아무 일도 일어나지 않습니다. 말만 변했지 실제 믿음은 생기지 않았기 때문입니다. 아버지는 예수님께 "내가 믿나이다"라고 말해 놓고는 자기가 고백한 믿음에 실체가 없다는 사실을 깨달았습니다. 그래서 곧이어서 "나는 믿음이 없습니다. 나의 믿음 없는 것을 도와주소서"라고 말했습니다(막 9:24). 바로 그때 그에게 믿음이 생기기 시작했습니다.

이것이 오늘날 우리가 기도해야 할 내용입니다. 예수님께 믿음 없는 것을 도와 달라고 기도해야 합니다. 믿어지지가 않습니다. 믿음이 왔다가 겉만 툭 치고 가 버렸습니다. 그래서 주기도문을 외우듯이 계속 중얼거리기만 할 뿐입니다. 아무리 기도해도 아무 일도 일어나지 않습니다. 왜냐하면 마음 깊은 곳에 도사리고 있는 인간적인 생각, 지식, 의심의 벽을 허물지 않고 하나님의 영적인 말씀을 그대로 받아들이지 않기 때문입니다.

예수님은 어떤 분이신가

믿음의 실체이신 예수 그리스도를 믿고 영접하는 것이 복음의 능력과 축복을 받는 제일의 신호탄입니다. 그러면 예수님은 어떤 분이신가를 질문하지 않을 수 없습니다. 믿음의 실체이신 예수 그리스도는 어떤 분이십니까? 요한복음 1장 1-11절을 통해 하나하나 살펴보겠습니다.

먼저 1절은 "태초에 말씀이 계시니라 이 말씀이 하나님과 함께 계셨으니 이 말씀은 곧 하나님이시니라"라고 말합니다. 여기서 예수님은 말씀으로 나타나십니다. 태초에 하나님과 함께 계신 말씀이 곧 하나님이십니다. 즉 예수님은 하나님이시라는 의미입니다. 믿음의 실체는 예수님이신데, 그분은 태초에 하나님으로 존재하셨던 분이라는 뜻입니다. 예수님이 하나님이시면 그분께 부활이 무슨 큰 의미가 있겠습니까? 생명을 만드시고 우주를 창조하신 분이 죽은 자를 살리시는 일이 뭐가 어렵겠습니까? 아주 간단한 일입니다.

이어지는 2-3절은 "그가 태초에 하나님과 함께 계셨고 만물이 그로 말미암아 지은 바 되었으니 지은 것이 하나도 그가 없이는 된 것이 없느니라"라고 예수님을 소개합니다. 예수님이 또 어떤 분이시라는 것입니까?

예수님은 태초에 하나님과 함께 천지를 창조하신 장본인입니다. 이 고백이 중요한 이유는 "그런 분을 내가 믿는다"는 선포이기 때문입니다. 예수님이 하늘과 땅까지도 창조하셨다면 능히 하지 못할 일이 무엇이 있겠습니까? 물 위를 걸으시고, 나병 환자를 고치시고, 귀신을 쫓아내시는 일쯤은 그분께 그리 대단한 일이 못 됩니다.

예수님의 이름을 믿는다는 것은 이처럼 예수님이 태초에 하나님과 함께 계셨고, 그분이 하나님이심을 믿는 것이요, 예수님이 우주를 창조하신 장본인이라는 사실을 믿는 것입니다. 이것이 바로 우리가 믿는 믿음의 실체입니다.

또한 "그 안에 생명이 있었으니 이 생명은 사람들의 빛이라 빛이 어둠에 비치되 어둠이 깨닫지 못하더라"라는 4-5절 말씀에 의하면, 천지를 창조하신 하나님이요, 하나님과 동일한 분이신 예수님 안에는 생명과 빛이 있습니다. 즉 예수님은 생명과 빛을 소유하신 분입니다. 우리가 죽음의 질고 앞에 섰을 때, 절망과 어둠에 갇혔을 때, 마귀에 짓눌려 있을 때 생명과 빛이신 예수님이 들어오시면 모든 죽음과 어둠의 세력이 추방되고 깨뜨려집니다. 예수님을 믿을 때 놀라운 영적 능력과 기적이 나타납니다.

"하나님께로부터 보내심을 받은 사람이 있으니 그의 이름은 요한이라 그가 증언하러 왔으니 곧 빛에 대하여 증언하고 모든 사람이 자기로 말미암아 믿게 하려 함이라 그는 이 빛이 아니요 이 빛에 대하여 증언하러 온 자라"(6-8절).

이어지는 말씀은 하나님께로부터 보내심을 받은 한 사람을 소개하고 있습니다. 바로 세례 요한입니다. 그는 빛이 아니라 빛에 대해 증언하러 온 사람입니다. 세례 요한은 예수님이 하나님이시고, 태초에 천지를 창조하신 주역이고, 그분 안에 생명과 빛이 있어서 죽음과 어둠의 세력을 꺾고 추방시키시는 분이라고 증언했습니다.

9-11절, "참 빛 곧 세상에 와서 각 사람에게 비추는 빛이 있었나니 그가 세상에 계셨으며 세상은 그로 말미암아 지은 바 되었으되 세상이 그를 알지 못하였고 자기 땅에 오매 자기 백성이 영접하지 아니하였으나"라는 말씀은 영적으로 비참한 세상의 현실을 보여 줍니다. 참 빛이신 예수님이 세상에 오셨지만 사람들

은 그 빛에 대해 알지 못했고, 거절하고 환영하지 않았습니다. 오히려 참 빛을 잡아다가 십자가에 못 박아 죽였습니다.

놀랍게도, 지금까지 살펴본 예수님에 대해 소개하는 요한복음 1장 1-11절을 읽으면서 "아멘"으로 화답하면 그 순간 기적이 나타납니다. "예수님은 생명이시다"라고 믿고 선포하면 죽음의 세력이 떠나가고 병이 낫습니다. "예수님은 빛이시다"라고 믿고 선언하면 우리 눈에 보이지 않는 마귀의 세력, 저주의 세력, 어둠의 세력이 그 순간 사라지고 맙니다. 예수님에 대해 이야기하는 말씀을 읽으면서 병이 낫고, 어둠의 세력이 떠나가고, 자살하고 싶은 충동, 우울증, 비참한 생각이 순식간에 자취도 없이 사라지기를 바랍니다. 저는 우리가 예수님을 생각하며 길을 걷다가 병이 낫기를 바랍니다.

이처럼 참 빛이신 예수님의 능력을 바로 알고 믿으면 예수님이 가지고 계신 태초에 천지를 창조하신 능력을 체험할 수 있고 생명을 발견하게 됩니다. 이것이 바로 "하나님의 자녀가 되는 권세를 주셨으니"라는 말씀의 의미입니다. 하나님의 자녀가 되는 권세란 하나님이 예수님께 주신 하늘과 땅의 모든 권세를 말하는 것입니다. 말씀에 의하면, 예수님이 가지신 그 모든 자녀 됨의 권세가 누구에게도 주어졌습니까? 바로 우리, 하나님의 자녀인 그리스도인들입니다.

그런데 우리는 그처럼 놀라운 권세를 갖고 있다고 생각하면 괜히 쑥스러워집니다. '나 같은 사람이 무슨 능력이 있겠어' 하면서 그 사실을 자꾸 거부합니다. 우리의 이성이 하는 일입니다.

그러므로 우리는 우리가 놀라운 권세를 가졌다는 사실을 믿음으로 자주 선포해야 합니다. 믿어지지 않을 때는 선포해야 합니다. 하늘과 땅의 모든 권세를 하나님이 내게 주셨다고 믿고 크고 강하게 선포하십시오. 처음에는 잘 안 됩니다. 하지만 믿음을 갖고 자주 반복하면 어느 순간 자연스럽게 선포할 수 있습니다. 예를 들어, "믿음으로 의롭다 하심을 얻었다"는 말도 처음에는 어색했는데 수천 번을 듣자 자연스러워지지 않았습니까? "예수님을 믿고 천국 간다"는 말도 마찬가지입니다. 믿어지지 않지만 계속해서 선포

31

되는 말씀을 듣자 어느 날 그 사실이 내 것이 된 것입니다.

어느 날 예수님이 내 것이 되게 하십시오. 이 일은 내 입으로 시인하고 선포할 때 가능합니다. "내 병은 나았다", "내 미래는 축복이다"라고 선언하십시오. 비록 내 미래가 곤두박질칠지, 내 병이 나을지 알 수는 없지만 선포해야 합니다. 선포는 믿음과 같습니다. "나는 하나님의 자녀가 되었다"고 선포해야 합니다.

하나님의 자녀가 되었다는 말은 상속을 받는다는 뜻입니다. 즉 우리는 하나님 나라를 상속받기로 결정되어 있는 사람들입니다. 하나님 아버지의 사랑과 용서를 값없이 받기로 정해진 것입니다. 앞서도 이야기했지만, 아이는 태어나서 사랑받는 것이 아니라 잉태될 때부터 사랑을 받습니다. 하나님도 마찬가지이십니다. 우리가 아무리 나쁜 짓을 하더라도 이미 우리를 사랑하기로 작정하셨습니다. 우리는 이 사실을 계속해서 기억하고, 믿고, 선포해야 합니다. 그때 그 축복이 현실화되기 때문입니다.

여기서 하나님의 축복이란 무엇일까요? 하나님과

의 관계가 친밀해지는 것을 의미합니다. 하나님이라면 죽고 못 사는 감정이 생기는 것입니다. 하나님은 아버지로서 자녀인 우리를 무조건 사랑하고 보호해 주십니다. 우리가 하나님을 믿는 믿음은 자녀가 사고를 쳤지만 부모가 자기를 무조건 보호해 주고 도와줄 것이라 믿는 것과 같습니다. '보호', '인도', '공급', '양육' 등은 아버지와 아들의 관계에서 형성되는 개념입니다.

마귀의 유혹을
경계하라

그런데 우리를 시험에 들게 하는 존재가 있습니다. 요한복음 8장 44절은 "너희는 너희 아비 마귀에게서 났으니 너희 아비의 욕심대로 너희도 행하고자 하느니라 그는 처음부터 살인한 자요 진리가 그 속에 없으므로 진리에 서지 못하고 거짓을 말할 때마다 제 것으로 말하나니 이는 그가 거짓말쟁이요 거짓의 아비가 되었음이라"라는 말씀으로 그 존재가 누구인지를 알려 줍니다. 마귀입니다.

우리는 이미 하나님의 자녀 됨의 축복을 받았습니다. 그런데 어느 날 마귀가 와서 이 사실을 헷갈리게 만듭니다. 인간은 마귀의 아들이었기 때문입니다. 인간은 마귀와 너무 오래 함께 살아서 성격마저 마귀의 것으로 바뀌었습니다. 그런데 세상은 독선적이고, 우울하고, 이기적인 인간의 성격을 가리켜 문화의 이름 아래 '개성'이라고 부릅니다. 마귀의 성격인데도 말입니다. 마귀와 오랜 시간을 보내 점점 마귀의 얼굴로 변해 가는데 그 얼굴이 자기라고 주장합니다.

그리스도인은 예수님을 믿음으로 아버지를 바꾸었습니다. 하나님을 아버지로 삼았기에 더 이상 마귀의 자녀가 아니라 하나님의 자녀입니다. 그런 우리에게 마귀는 계속해서 찾아와 잘못된 생각을 주입합니다. 의심과 두려움을 심어 줍니다. "네가 하나님의 아들이라고? 하나님의 아들이 맞다면 이렇게 사는 것이 맞냐? 네가 병든 것을 보니 틀림없이 너는 하나님의 아들이 아니다"라고 하며 자꾸 의심을 부추깁니다. 우리는 마귀의 끈질긴 유혹에 넘어가지 않아야 합니다.

마귀가 사용하는 주된 방법이 있습니다. 그중에 하나는 자녀로 하여금 육신의 아버지에 대해 좋지 않은 인상을 갖게 하는 것입니다. 때리고, 술 마시고, 도박하고, 툭하면 외박하고, 두 번 결혼하고, 배다른 자식이 있는 아버지를 가진 사람은 하나님 아버지에 대해서도 좋은 감정을 갖기가 어렵습니다. 그 마귀는 끊임없이 우리로 하여금 이 세상을 살아가면서 부정(父情)을 경험하지 못하도록 방해합니다.

따라서 우리는 아버지에 대한 개념 자체를 바꾸어야 합니다. "하나님이 나의 아버지이시다. 우리 아버지는 정말 좋으시고, 나를 보호하시고, 인도하시고, 용서하시고, 축복하시고, 나의 미래를 보장해 주시는 사랑의 아버지이시다"라는 사실을 믿어야 합니다.

또 하나 마귀가 사용하는 방법은 잘못된 양자 개념을 주입하는 것입니다. 우리나라 사람이라면 누구나 어렸을 때 "다리 밑에서 주워 온 아이"라는 소리를 한 번쯤은 들었을 것입니다. 그래서 어느 날 '나는 진짜

35

주워 온 아이인가 보다' 싶어서 친부모를 찾아 나선 이
야기가 우리 주변에 얼마나 많은지 모릅니다.

이처럼 마귀는 자녀들에게 "너희 아버지, 어머니는
친부모가 아니다"라고 속삭입니다. 그러면서 양자 콤
플렉스를 심어 주고, 잘못된 양자 개념을 심화시킵니
다. 그러다 보면 하나님 아버지의 자녀 됨의 능력과 축
복과 풍성함마저 의심하게 되고, 결국 다 잊어버리게
됩니다.

하나님 앞에
당당한 자녀

그러므로 우리는 '하나님은 우리의 참 좋은 아버지
이시다'라는 생각을 자연스럽게 확산시켜 나가야 합
니다. 그래야만 현실에서 아무리 힘든 일을 만나더라
도 하나님의 자녀 됨의 축복으로 다 이겨 나갈 수 있
습니다.

로마서 8장 14-17절은 "무릇 하나님의 영으로 인

도함을 받는 사람은 곧 하나님의 아들이라 너희는 다시 무서워하는 종의 영을 받지 아니하고 양자의 영을 받았으므로 우리가 아빠 아버지라고 부르짖느니라 성령이 친히 우리의 영과 더불어 우리가 하나님의 자녀인 것을 증언하시나니 자녀이면 또한 상속자 곧 하나님의 상속자요 그리스도와 함께한 상속자니 우리가 그와 함께 영광을 받기 위하여 고난도 함께 받아야 할 것이니라"라고 권면하고 있습니다.

또한 로마서 9장 4절은 "그들은 이스라엘 사람이라 그들에게는 양자 됨과 영광과 언약들과 율법을 세우신 것과 예배와 약속들이 있고"라고 말합니다.

하나님의 자녀인 우리에게는 예배의 축복, 약속의 축복, 치유의 축복이 있습니다. 그리고 우리는 하나님의 보호하심을 받을 자격이 있습니다. 우리는 승리할 수밖에 없는 근거를 가진 자들입니다. 그러니 하나님의 자녀 됨을 항상 선포해야 합니다. 계속 선포하면 내가 먼저 변하고, 배우자가 변하고, 자녀가 변하고, 내 인생이 변합니다. 하나님의 자녀 됨의 능력과 축복의 실체를 경험하게 됩니다.

이 사실을 묵상하다 보면 너무 놀라서 자다가도 벌떡 일어나게 됩니다. 그리고 "내 인생이 이렇게 아름답구나. 내 인생이 이렇게 축복받았구나. 내가 누구를 무서워하리요. 누가 나를 송사하리요. 누가 나를 그리스도의 사랑에서 끊으리요!" 이 고백이 튀어나옵니다. 그러면 천만인이 나를 에워싸 진 친다 해도(시 3:6), 소문이 나고 공격이 와도 이상하게 마음이 평안해지고 두렵지가 않습니다.

우리 안에 있는 모든 두려움, 불안, 염려가 사라지기를 바랍니다. 사실 두려움, 불안, 염려는 현실이고 실재입니다. 그렇지만 우리를 찾아오는 모든 두려움, 불안, 염려, 근심, 걱정, 소극적인 생각들이 예수의 이름으로 사라지기를 기도합니다. "나는 하나님의 축복받는 자녀가 되었다"고 선포하고, 하나님의 자녀 됨의 능력과 축복을 누리십시오.

어떤 예의 바른 아이가 아침에 일어나더니 어머니가 밥 짓는 모습을 보고는 미안해서 말합니다. "어머니, 죄송하지만 오늘 제게 밥 한 그릇 좀 주시겠습니까?" 그러면 어머니가 "우리 아이가 철들었네" 할까요? "왜 갑자기 이상한 소리를 하느냐?" 하지 않겠습니까? 하나님은 자녀인 우리에게 모든 능력과 축복을 주셨고 우리를 보호해 주기로 결정하셨습니다. 우리는 비굴하게 얻어먹는 사람들이 아닙니다.

저는 요즘 자녀들이 참 뻔뻔하다는 생각을 합니다. 마치 자기 돈을 맡겨 놓은 듯 떳떳하게 돈을 요구하고, 주지 않으면 생떼를 부립니다. 대체 자식이 무엇이기에, 부모에게 무슨 대단한 일을 했다고 당당하게 요구하는 것입니까? 다른 이유는 없습니다. 단지 자녀이기 때문입니다. 내 어머니고 내 아버지니까 안심하고 요구하는 것이고, 말이 안 돼도 떼를 쓰는 것입니다. 자녀 됨에 대한 확신이 있기 때문입니다. 우리 역시 하나님에 대해서 확신이 필요합니다. 하나님의 자녀인 우리는 굽실거리지 않습니다. 비록 우리가 한 일이 아무것도 없지만, 하나님 아버지 앞에 떳떳이 나아가 필요를 구할 수 있습니다.

마치 주워 온 아이처럼 행동하지 마십시오. 쭈뼛쭈뼛 눈치 보는 것은 그리스도인의 태도가 아닙니다. 우리는 예수님의 십자가 공로로써 새롭게 되었기에 당당한 하나님의 자녀입니다. 그러므로 두 손 높이 들고 떳떳하게 하나님 앞에 나아가 하나님과 친밀한 교제를 누리십시오. 그때 자녀 됨의 축복을 풍성하게 누릴 것입니다.

자녀 됨의 능력과 축복을
구하는 기도

하나님 아버지!
예수님은 태초에 하나님과 함께 계셨고,
예수님은 하나님이시며, 우주를 창조하신 장본인입니다.
하나님은 이 예수의 이름을 믿는 자에게
하나님의 자녀가 되는 권세를 주셨습니다.

이 시간, 믿음으로 선포합니다.
예수의 이름을 믿는 나는 고아가 아니라
하나님의 당당한 자녀입니다!
하나님은 나의 참 좋은 아버지이십니다!
예수님은 내 것입니다!
나는 보통 사람이 아니라 하나님의 아들이요, 딸입니다!
예수님이 가지신 하늘과 땅의 모든 권세가
내 것이 되었습니다!

그러니 내가 누구를 무서워하겠습니까.
누가 나를 송사하겠습니까.
누가 나를 그리스도의 사랑에서 끊을 수 있겠습니까.
아버지 하나님께 당당히 나아가오니
모든 어려움을 하나님의 자녀 됨의 축복으로
넉넉히 이길 수 있도록 도와주옵소서.

¹⁷ 하루는 가르치실 때에 갈릴리의 각 마을과 유대와 예루살렘에서 온 바리새인과 율법교사들이 앉았는데 병을 고치는 주의 능력이 예수와 함께하더라 ¹⁸ 한 중풍병자를 사람들이 침상에 메고 와서 예수 앞에 들여놓고자 하였으나 ¹⁹ 무리 때문에 메고 들어갈 길을 얻지 못한지라 지붕에 올라가 기와를 벗기고 병자를 침상째 무리 가운데로 예수 앞에 달아 내리니 ²⁰ 예수께서 그들의 믿음을 보시고 이르시되 이 사람아 네 죄 사함을 받았느니라 하시니 ²¹ 서기관과 바리새인들이 생각하여 이르되 이 신성모독 하는 자가 누구냐 오직 하나님 외에 누가 능히 죄를 사하겠느냐 ²² 예수께서 그 생각을 아시고 대답하여 이르시되 너희 마음에 무슨 생각을 하느냐 ²³ 네 죄 사함을 받았느니라 하는 말과 일어나 걸어가라 하는 말이 어느 것이 쉽겠느냐 ²⁴ 그러나 인

복음을 믿으면 '이미'

모든 죄에서
구속함을 받았습니다

자가 땅에서 죄를 사하는 권세가 있는 줄을 너희로 알게 하리라 하시고 중풍병자에게 말씀하시되 내가 네게 이르노니 일어나 네 침상을 가지고 집으로 가라 하시매 ²⁵ 그 사람이 그들 앞에서 곧 일어나 그 누웠던 것을 가지고 하나님께 영광을 돌리며 자기 집으로 돌아가니 ²⁶ 모든 사람이 놀라 하나님께 영광을 돌리며 심히 두려워하여 이르되 오늘 우리가 놀라운 일을 보았다 하니라(눅 5:17-26).

복음은 능력이요
축복이다

복음에는 세상 사람들이 이해하지 못하고 경험할 수 없는 탁월한 능력과 축복이 있습니다. 사도 바울은 로마서 1장 16-17절에서 "내가 복음을 부끄러워하지 아니하노니 이 복음은 모든 믿는 자에게 구원을 주시는 하나님의 능력이 됨이라 먼저는 유대인에게요 그리고 헬라인에게로다 복음에는 하나님의 의가 나타나서 믿음으로 믿음에 이르게 하나니 기록된 바 오직 의인은 믿음으로 말미암아 살리라 함과 같으니라"라는 말로 복음의 능력과 축복을 간결하게 요약했습니다.

이 말씀에는 중요한 3가지 메시지가 들어 있습니다. 첫째, 복음에는 모든 믿는 자에게 구원을 주시는 하나님의 능력이 있다는 것입니다. 둘째, 복음에는 하나님의 의가 나타나 있다는 것입니다. 셋째, 복음은 믿는 자로 하여금 믿음으로 믿음에 이르게 한다는 것입니다.

복음(福音)이란 무엇입니까? 말 그대로 기쁜 소식입니다. 기쁜 소식이란 예수 그리스도를 의미합니다. 예수 그리스도 안에는 7가지의 능력과 축복이 숨겨져 있습니다. 이 능력과 축복을 깨달으면 그 순간부터 놀랍게도 기적과 능력을 경험하게 됩니다.

그러나 안타깝게도, 오랫동안 신앙생활을 해 온 그리스도인들조차 복음의 능력과 축복과는 아무 상관 없이 지내고 있는 경우가 허다합니다. 그들은 고민하면서 살고, 괴로워하면서 살고, 현실에 부대끼면서 살아갑니다. 어찌 보면 믿는 사람과 믿지 않는 사람 사이에 별다른 차이가 없는 듯합니다.

그러나 복음의 능력과 축복을 깨닫기 시작하면 상상할 수 없는 기쁨과 평안을 환경이나 조건과 무관하게 느낄 수 있습니다. 요즘 저는 새롭게 태어난 것 같습니다. 제가 새롭게 살게 된 까닭은 복음의 능력을 새롭게 경험했기 때문입니다. 복음을 다시 깨닫자 마치 세상에 처음 태어난 것처럼 큰 감동을 맛보고 있습니다.

특별히 저는 암 수술을 6회나 받았고 아직도 여러가지 지병을 갖고 있기 때문에 몸이 아플 때마다 음식을 굉장히 절제합니다. 그런데 제 마음속에서 "나는 치유되었다"라는 선포가 하루에도 수백 번씩 들려옵니다. 복음의 능력이 내면에서 흘러넘치자 고난이 오거나 육신적으로 연약할 때도 하나님의 음성이 끊임없이 들리는 것입니다. 그러다 보니 피로가 느껴지지 않고 모든 고통이 사라져 버렸습니다. 놀라운 일이요, 이것이 복음의 능력과 축복입니다.

예수님의 7블레싱의 3가지 공통점

예수님의 7블레싱에는 공통된 3가지 요소가 있습니다. 서문에서는 2가지를 이야기했는데, 여기서는 하나 더 언급하겠습니다. 매우 중요하기 때문에 한 번 더 반복합니다.

첫째는 과거형이라는 것입니다. 하나님은 예수 믿는 우리에게 하나님의 자녀가 되는 권세를 '주셨습니다.' 예수 믿으면 지금 자녀가 되는 것이 아닙니다. 하나님은 우리에게 자녀가 되는 권세를 이미 2천 년 전에 주셨습니다. 우리의 죄는 이미 용서를 '받았습니다.' 우리는 사탄의 저주와 얽매임에서 이미 '해방되었습니다.' 우리는 어떤 질병을 갖고 있더라도 예수님이 십자가를 지시고 채찍에 맞으심으로 이미 나음을 '입었습니다.' 우리는 이미 의롭다 하심을 '얻었습니다.' 우리는 이미 기도의 응답도 '받았고', 성령세례도 이미 '받은' 상태입니다. 다 과거형입니다.

이것이 복음입니다. 그럼에도 불구하고 많은 사람이 복음의 능력과 축복을 누리지 못한 채 여전히 영적 빈곤 상태에 머물러 있습니다. 논리적으로 얼마나 모순인지 모릅니다.

둘째는 하나님이 이미 주신 복음의 능력과 축복을 얻는 열쇠는 우리의 믿음이라는 것입니다. 믿음은 현재형입니다. '과거에 예수 잘 믿었다'가 중요한 것이 아닙니다. 지금 우리가 믿음을 가지고 주님께 나아가면 우리의 믿음으로 인해 이미 2천 년 전에 이루어진 하나님의 은혜의 능력과 축복이 살아나서 내 것이 되고 현재화된다는 의미입니다. 오직 믿음으로만 복음의 능력과 축복을 경험할 수 있습니다. 이것이 "복음에는 하나님의 의가 나타나서 믿음으로 믿음에 이르게 하나니"라는 말씀의 의미입니다.

하나님의 은혜가 믿음을 낳습니다. 은혜를 경험하고 예수 그리스도를 체험할 때 믿음이 생깁니다. 믿음이 있어야 예수님을 믿는 것이 아니라, 예수님을 만나면 놀랍게도 우리가 믿음 안으로 계속 들어가게 되는 것입니다. 우리가 말하는 믿음이란 예수 그리스도로 말미암아 생기는 믿음이요, 성령으로 말미암아 생기는 믿음입니다.

따라서 믿음은 긍정적이고 적극적인 사고방식과는 다릅니다. 우리가 하나님의 은혜의 양식을 먹고 예수님을 접촉하기 시작하면 예수님이 우리에게 믿음을 주십니다. 지금 우리가 믿음으로 나아가면 그 믿음으로 말미암아 하나님이 예비해 두신 복음의 능력과 축복을 누릴 수 있습니다.

셋째는 복음의 능력과 축복을 받는 데는 자격이나 방법 혹은 시간에 있어서 제한이 없다는 것입니다. 누구든지 예수 그리스도를 믿는 자들에게는 하나님이 구원을 선물로 주십니다. 동서고금을 무론하고, 과거나 현재나 미래나 할 것 없이, 누구든지 예수 그리스도를 믿으면 복음의 능력과 축복을 받습니다. 그 방법에도 제한이 없습니다. 복음의 능력으로 죄 사함을 받고 구원을 얻습니다. 시간에도 제한이 없습니다. 예수 믿으면 30분, 혹은 1시간 후에 구원받는다는 말은 없습니다. 그 즉시 주어집니다.

죄 사함의
원리

우리에게 주어진 복음의 능력과 축복 두 번째는 죄 사함의 축복입니다. 죄 사함의 특권에 대해 에베소서

1장 7-8절은 "우리는 그리스도 안에서 그의 은혜의 풍성함을 따라 그의 피로 말미암아 속량[구속, 개역한글] 곧 죄 사함을 받았느니라 이는 그가 모든 지혜와 총명을 우리에게 넘치게 하사"라는 말로 그 요체를 기록하고 있습니다.

죄 사함이란 구속(救贖, the Redemption)입니다. 구속, 곧 죄 사함이란 예수님이 온 인류를 죄악과 마귀의 권세에서 건져 내셨다는 뜻입니다. 구속은 2가지로 이루어집니다. 첫째는 예수 그리스도 안에서 그의 은혜의 풍성함을 따라 구속을 받습니다. 둘째로, 예수 그리스도의 보혈 때문에 구속을 받습니다.

그리스도인인 우리는 어떻게 죄 사함을 받아 구원을 받았습니까? 그리스도 안에 있는 하나님의 한량없는 은혜, 풍성한 은혜, 무한한 긍휼 때문이요, 그리스도가 흘리신 피 때문입니다. 특히 베드로전서 1장 18-19절은 예수님의 피가 우리를 어떻게 구원했는지에 대해 "너희가 알거니와 너희 조상이 물려 준 헛된 행실에서 대속함을 받은 것[너희 조상의 유전한 망령된 행실에서 구속된 것, 개역한글]은 은이나 금같이 없어질 것으로 된 것이 아니요 오직 흠 없고 점 없는 어린양 같은 그리스도의 보배로운 피로 된 것이니라"라고 설명합니다.

연필로 글씨를 잘못 쓰면 지우개로 지우면 되고, 볼펜으로 글씨를 잘못 쓰면 화이트로 지우면 됩니다. 하지만 죄는 세상의 다른 어떤 것으로도 지울 수 없습니다. 죄를 지울 수 있는 유일한 방법은 오직 흠 없고 점 없는 어린양 예수 그리스도의 보배로운 피가 흘려져야 하는 것입니다.

즉 우리가 죄 사함을 받아 구원받은 까닭은 예수님이 십자가에서 흘리신 보혈 때문입니다. 이것이 복음의 원리입니다. 복음의 원리를 정확히 깨닫고 철저히 믿고 나가면 그 원리에서 능력과 축복이 쏟아집니다.

죄 사함이 왜 중요합니까? 죄는 영혼을 오염시키는 바이러스와 같기 때문입니다. 인류 최초의 조상인 아담과 하와는 하나님을 거역함으로 말미암아 죄를 지었습니다(원죄). 첫 인류의 망령된 행실로 인해 인간의 DNA에 죄가 유전되었고, 계속해서 유전되고 있습니다. 죄는 우리의 온몸과 영과 혼을 병들게 했고,

결국은 사망에 이르게 했습니다.

우리가 매우 잘 알고 있는 말씀인 로마서 6장 23절은 "죄의 삯은 사망이요"라고 말합니다. 우리가 원하든 원하지 않든 상관없이 이미 우리 몸 안에는 죄의 DNA가 들어와 있는 것입니다. 우리가 아무런 행동도 하지 않아도 죄는 계속해서 생각 속에서 움직입니다. 죄의 삯은 사망입니다.

죽음을 가져오는 죄 안에는 모든 질병과 저주와 절망이 가득합니다. 마치 수돗물처럼 계속 쏟아져 나옵니다. 이것이 바로 우리의 실체입니다. 따라서 질병과 저주와 절망을 없애는 것이 중요한 것이 아니라 더 근본적으로 죄를 없애야만 합니다. 죄가 사라져야 이 현상들이 다 사라지기 때문입니다. '거짓말을 안 하겠다', '사기를 안 치겠다', '병을 없애겠다'고 마음 먹고 노력하면 일시적으로 사라질 수 있습니다. 하지만 이는 현상일 뿐 뿌리를 뽑지 않으면 또 생기고 맙니다. 죄 문제를 근본적으로 해결하지 않고서는 지금 우리가 겪고 있는 고통의 문제를 결코 해결할 수 없습니다.

죄를 지으면 죄의 종이 되지만, 예수 그리스도 안에 있으면 의의 종이 됩니다. 이것은 우리가 기억해야 하는 죄 사함의 원리입니다. 우리는 그리스도 안에 있는 하나님의 풍성한 은혜 때문에 죄 사함을 받았습니다. 죄를 제거하는 구체적인 방법은 예수님의 보혈이 흘려지는 것입니다.

예수님께 있는
죄 사함의 권세

예수님은 이 땅에 계실 때 한 중풍병자를 만나셨습니다. 중풍병자는 스스로 걸을 수 없었기에 침상에 누인 채 친구들의 도움으로 예수님이 계신 집을 찾아왔습니다. 예수님 주변에 사람들이 너무 많아 가까이 다가갈 수가 없었습니다. 하지만 그들은 포기하지 않았습니다. 이처럼 믿음은 포기하지 않는 것입니다. 아무리 벽에 부딪히고, 큰 어려움을 만나더라도, 비록 저주 가운데 놓여 있다 할지라도 끝까지 포기하지 않고 마지막 순간까지 가는 것이 믿음입니다.

그들은 믿음을 가지고 옥상으로 올라가 지붕을 뜯어내고 중풍병자를 침상에 누인 채 예수님 앞으로 달아 내렸습니다. 사람들은 당황했고 예수님도 놀라셨습니다. 이어지는 상황을 누가복음 5장 20절은 "예수께서 그들의 믿음을 보시고 이르시되 이 사람아 네 죄 사함을 받았느니라 하시니"라고 설명합니다. 이상하고 놀랍지 않습니까? 왜 예수님은 그들의 믿음을 보시고 죄 사함을 선언하셨나요?

그 자리에 함께 있던 서기관과 바리새인들은 예수님의 말씀에 동의하지 않고 "이 신성 모독 하는 자가 누구냐 오직 하나님 외에 누가 능히 죄를 사하겠느냐"(눅 5:21) 하며 반론을 제기했습니다. 당시 유대의 서기관과 바리새인들은 예수님을 하나님의 아들로 인정하지 않았습니다. 그들은 죄 사함의 권세는 하나님께만 있다고 여겼습니다. 따라서 예수님이 선포하신 말씀을 두고 신성 모독이라고 주장했던 것입니다.

오늘날 인류 최대의 과제는 죄에 대한 예수님의 견해를 그대로 받아들이는 것입니다. 예수님은 죄에 대해 무엇이라고 말씀하십니까? 첫째는 인류의 조상인 아담과 하와가 죄를 지음으로 말미암아 오고 오는 모든 인류에게 죄가 대대로 유전되어 저주와 죽음과 질병과 절망의 삶을 살아왔다는 것입니다. 둘째는 하나님이 그 죄를 예수님 안에 있는 하나님의 풍성한 은혜와 예수님이 십자가에서 흘리신 보혈로 깨끗이 씻어 제거해 주셨다는 것입니다.

예수님은 이 사실을 알고 계셨습니다. 따라서 중풍 병자와 친구들의 '믿음'을 보시고 "네 죄는 이미 사라졌다"고 선언하신 것입니다.

병 고치는 것보다 우선적인 일은 죄 사함의 선언을 받는 일입니다. 죄 사함은 현실적인 질병을 고칠 뿐 아니라, 절망과 죽음과 저주마저 이기는 가장 근본적인 원인이기 때문입니다. 썩은 나무는 뿌리째 뽑아야 하고, 집터를 고를 때는 송두리째 파헤쳐야 합니다. 하나님의 은혜와 예수 그리스도의 보혈로써 우리 안에 깊이 숨어 있는 조상의 망령된 행실로 말미암아 유전된 원죄의 뿌리가 완전히 뽑혀야 하는 것입니다.

죄 사함의
선행 조건은 '믿음'

예수님은 이 일을 지금 하시는 것이 아니라 이미 2천
년 전에 이루셨습니다. 그러므로 우리에게 남은 과제
는 믿음으로 선포하는 것입니다. 우리는 오랫동안 병
이 치유되지 않는 등 여전히 해결되지 않았거나 우리
에게 계속해서 상처를 주는 부분에 대해서는 믿지 않
으려고 할 때가 너무 많습니다. 그러나 우리는 이성의
벽을 뚫고 믿음으로 선언해야 합니다. 성경에 기록된
주님의 약속들을 경험했든 안 했든, 이해했든 못 했
든, 받아들일 수 있든 없든 믿음으로 선포하는 것이
우리가 할 일입니다.

우리는 하나님의 자녀이기 때문입니다. 하나님의
자녀가 되었다는 말은 우리가 고아가 아니라는 뜻입
니다. 내 자식과 남의 자식은 대하는 태도가 다를 수
밖에 없습니다. 내 자식은 아무리 큰 잘못을 저질러도
끝까지 돌보고, 사랑하고, 책임지는 것이 부모의 마음
입니다. 마찬가지로 하나님은 우리가 아무리 큰 죄를

지었다고 해도 모든 것을 용서하고 사랑해 주십니다. 우리의 모양이나 행동을 보고 사랑하시지 않고 우리가 태어나기 전부터 우리를 사랑하셨기 때문입니다. 이것이 아버지와 아들의 관계입니다.

우리는 보통 사람이 아니라 하나님의 자녀라는 사실을 기억하십시오. 하나님의 자녀이기에 하나님과의 특별한 관계 안에 들어가 있습니다. 우리가 가진 특권입니다. 따라서 우리는 1등을 하지 않아도, 실직했어도 괜찮습니다. 하나님은 그러한 이유를 들어서 우리와의 특별한 관계를 절대로 깨뜨리시지 않습니다. 이 사실을 믿고, 확인하고, 선포할 때 우리의 신앙생활에 기적이 일어납니다.

예수님은 2천 년 전에 우리가 잘했든 못했든 간에, 우리의 됨됨이와 상관없이 이미 우리의 죄를 용서해 주셨습니다. 지금 용서받는 것이 아니라 우리는 이미 용서를 받았습니다. 예수 그리스도로 말미암아 우리 원죄의 뿌리가 뽑혔습니다. 하지만 사람들은 좀처럼 그 사실을 믿지 않습니다.

언젠가 다리를 잃고 고통스러워하는 환자를 만난

적이 있습니다. 그가 가장 힘들어한 것은 다리가 간지러워서 긁으려고 손을 뻗었는데 막상 다리가 없다는데 있었습니다. 그의 무의식 속에 다리가 있다는 사실이 잠재되어 있었던 것입니다. 그는 꿈에서 다리를 만져 보다가 없다는 사실을 깨닫고는 화들짝 놀라 깨어나곤 했습니다.

영적인 관점에서 우리도 마찬가지입니다. 우리는 이미 죄 사함을 받았고, 마귀의 권세에서 벗어나 자유함을 얻었습니다. 그러나 너무 오랫동안 죄 아래서 살았기 때문에 죄가 사해졌다는 사실을 믿지 못합니다. 마귀가 이 틈을 노리고 계속 우리를 속이고 있습니다.

우리는 죄를 짓지 않을 수 있습니다. 죄에서 이미 탈출했습니다. 이것이 바로 죄 사함의 축복입니다. 죄 사함을 받았다는 말은 내 안에서 죄가 떠나고 사탄, 저주, 죽음이 다 떠났다는 의미입니다. 우리에게는 저주가 없습니다. 마귀가 주는 저주와 죄의 능력도 이미 다 사라지고 없습니다.

선포할 때
기적이 일어난다

가정주부들은 종종 외출하고 나서 가스레인지 불을 껐는지, 가스 밸브는 잠갔는지 기억나지 않아 불안해합니다. 저희 아버지는 외출만 하시면 문을 잠근 것 같지가 않다면서 꼭 다시 들어가서 사방을 둘러보며 문빗장을 확인하셨습니다.

문을 잘 잠갔습니다. 가스레인지 불을 잘 껐고, 가스 밸브도 잘 잠갔습니다. 그런데 밖에 나오면 불안합니다. 그래서 어떤 분이 좋은 방법을 고안해 냈습니다. 가스레인지 불을 끈 후에 "불 껐다" 하고 큰 소리를 지르며 선언하는 것입니다. 외출해서 가스레인지 불을 껐는지 헷갈릴 때 소리 지르며 선언한 사실이 떠올라 안심한다고 합니다.

우리는 끊임없이 "나는 이미 죄 사함을 받았다"고 선언해야 합니다. 현실적으로는 죄의 종으로 살면서 여전히 갈등한다 해도 이미 우리의 죄는 용서받았습니다. 우리는 그 사실을 시인하고 선포해야 합니다. **59**

"내 병은 나았다"고 선포해야 합니다. 예수님이 이미 2천 년 전에 고쳐 주셨는데 우리가 치유됨의 축복을 믿음으로 받아들이지 않기 때문에 계속 고통스러운 것입니다. 우리는 우리의 입술로 선포해 더 이상 죄책감에 시달리거나 죄에 얽매이지 말아야 합니다.

1장에서도 언급했듯이, 우리가 "예수님을 믿으면 구원받는다"는 선언을 왜 믿습니까? 몇천 번이나 선포된 그 말씀을 들었기 때문입니다. 처음에는 잘 믿어지지 않았습니다. 어떻게 상식적인 사람이 2천 년 전에 팔레스타인에서 살았던 한 남자를 믿으면 천국 간다는 말을 믿을 수가 있습니까? 어떻게 예수가 하나님의 아들이라는 사실이 믿어집니까? 보이지 않는 하나님을 어떻게 믿습니까? 그럼에도 우리는 "아멘" 합니다. 이것이 바로 기적입니다.

엄밀히 말해, 우리의 구원은 하루아침에 만들어진 것이 아닙니다. 끊임없이 성경 말씀을 읽고 설교를 들으며 그 사실을 자주 선포하다 보니 성령이 우리 안에 역사하셔서 그 사실이 내 것이 된 것입니다. 내 죄가 사함받았다는 것, 내 병이 나았다는 것 역시 우리의 입술로 시인하고 직접 선포하며 자신의 귀에 들리게 해야 합니다.

우리는 이성의 벽이 높고 오랫동안 상식의 세계에서 살아왔습니다. 그 벽을 뚫고 믿음의 세계로 들어가는 일은 그리 쉽지 않습니다. 따라서 우리가 해야 할 일은 예수님께 나아간 귀신 들린 아이의 아버지처럼 "주여, 나의 믿음 없는 것을 도와주소서"라고 고백하고, 받은 은혜를 믿음으로 선포하는 것입니다. 그때 놀라운 역사를 경험하게 됩니다.

저는 "예수님의 7블레싱"이라는 주제로 말씀을 묵상하고 나누면서 모든 성도가 이 말씀을 통해 방황을 끝내고 치유의 기적을 경험하게 될 것이라는 생각이 들었습니다. 누군가 이 말씀을 믿음으로 받아들이면 병이 치유되고 죄 사함의 능력과 축복을 받아 영적 자유를 경험하게 될 것이라는 확신이 들었습니다.

따라서 끊임없이 기도합시다. "주여, 나의 믿음 없는 것을 도와주십시오. 믿게 해 주십시오. 하나님의 은혜 안에 들어가게 해 주십시오. 내가 배운 지식과 이성과 상식과 경험은 하나님의 말씀을 자꾸 거절하고 받아들이지 않으려고 합니다. 그러나 나는 선포합니다. 나는 믿고 나아갑니다." 이렇게 기도할 때 믿음이 나의 이성의 한계를 뚫고 하나님의 기적과 맞부딪치게 됩니다. 그때 하나님이 주시는 은혜가 내게 쏟아지기 시작합니다.

우리의 삶에 어려움과 고난은 언제나 있습니다. 기도한다고 고난이 없어지지 않습니다. 그러나 고난은 사라지는 것이 아니라 극복되는 것입니다. 우리에게 어떤 난관도 뚫고 나가는 영적 능력이 생기는 것입니다. 이것이 복음의 능력과 축복입니다. 예수 그리스도가 그 일을 하십니다. 예수님은 지금도 살아 계신 분이요, 우리와 함께하시는 분이요, 우리에게 날마다 말씀하시는 분이기 때문입니다. 우리는 과거에 받은 은혜에 만족하지 말고 날마다 하나님이 주시는 새로운 은혜를 사모해야 합니다.

기도하면 우리도 변할 수 있습니다. 기도하면 자녀들도 변할 수 있습니다. 기도하면 병도 낫고, 우리가 전도하는 사람들마다 예수님을 믿습니다. 그런데 안타깝게도 우리에게는 이 믿음이 없습니다. 항상 방어적인 자세를 취하면서 배수진을 치고 한 발은 믿음에, 한 발은 현실에 두고 양쪽을 오갑니다. 그러니 아무 일도 이루지 못합니다. 믿음으로 나아가십시오. 의인은 믿음으로 삽니다.

다 이해되면 어떻게 믿음이라고 할 수 있습니까? 이해되지 않고, 믿어지지 않고, 받아들일 수 없지만 하나님의 말씀인 성경에서 예수님이 말씀하셨기 때문에 나의 이성과 상식과 경험을 의지하지 않고 그 말씀을 일점일획도 틀리지 않는 하나님의 말씀으로 믿고 나아가는 것입니다. 믿는 만큼 이루어집니다.

죄 사함과 병 고침은
동시적이다

우리는 2장 본문인 누가복음 5장 22-26절 말씀을 이성적으로 판단하며 읽지 말고 그대로 믿어야 합니다. 이 말씀은 죄 사함과 병 고침에 대해 다룹니다. 여기서 발견되는 사실은 죄 사함과 병 고침은 서로 일치한다는 것입니다.

예수님은 먼저 병을 고쳐 주시지 않고, "네 죄 사함을 받았느니라"고 하셨습니다. 그러자 사람들 사이에 말이 많았습니다. 예수님은 그런 그들에게 자신이 이 땅에서 죄를 사하는 권세를 갖고 있다고 말씀하셨습니다. 그러면서 그 사실을 믿지 않는 서기관과 바리새인들에게 한 가지 질문을 하셨습니다. "네 죄 사함을 받았느니라 하는 말과 일어나 걸어가라 하는 말이 어느 것이 쉽겠느냐?" 다시 말해, "죄 사함을 선포하는 것이 크냐, 병 고치는 것이 크냐?"는 것입니다. 둘 다 큰 고민입니다. 그러나 죄 사함의 권세가 있으신 예수님은 중풍병자에게 "일어나 네 침상을 가지고 집으로 가라"고 하셨습니다.

많은 사람은 죄 사함과 병 고침을 분리해서 봅니다. 그러나 죄 사함과 병 고침은 동시적입니다. 예수님께는 죄 사함의 권세와 함께 병 고침의 권세도 있습니다. 우리가 예수님을 믿음으로 말미암아 죄 사함이 순간적으로 얻어지는 것처럼, 병 고침도 믿으면 이루어집니다. 예수님을 믿으면 죄 사함을 받고 구원을 얻는 것이 사실이라면, 기도하면 병 고침을 얻는 것도 사실임을 동시에 믿어야 합니다. 하지만 이 믿음이 좀 처럼 생기지 않습니다.

기억하십시오. 우리가 사방으로 욱여쌈을 당하고 환난을 겪을 때도 하나님이 능히 이기게 해 주십니다. 우리는 "믿는 자에게는 능히 하지 못할 일이 없다"는 사실을 믿고 선포해야 합니다(막 9:23).

예수님이 "내가 너에게 평안을 주노라" 하시면 믿어야 합니다. "내가 너에게 기쁨을 주노라" 하시면 믿어야 합니다. 기쁘지 않아도, 평안하지 못해도 "기쁘다", "평안하다"고 선포해야 합니다. 오늘 먹을 것이 없는 사람은 예수님이 "내가 너에게 일용할 양식을 줄 것이다"라고 하신 말씀을 믿음으로 늘 선포해야 합니다. 그러면 하나님이 반드시 주십니다. 하나님의 말씀과 약속이기 때문입니다. 우리는 구원에 대한 믿음을 갖듯이, 다른 부분에 대해서도 동일한 믿음을 가져야 합니다.

이 글을 읽고 있는 모든 성도에게 복음의 능력과 축복이 실제적으로 이루어지기를 바랍니다. 절망에서 소망을 얻고, 죽음에서 생명을 얻고, 동일하게 모든 질병에서 자유함을 얻기를 기도합니다. 지금 이 순간에 죄 사함을 얻고 병 고침을 받기를 원합니다. 오랜 시간 걸리지 않습니다. 지금 당신이 있는 바로 그 자리에서 기적이 일어납니다. 그것이 복음의 능력이고 축복입니다.

죄 사함의 능력과 축복을
구하는 기도

하나님 아버지!
그리스도 안에 있는 하나님의 한량없는 은혜와
그리스도의 보배로운 피로써
나를 구속해 주시니 감사합니다.
예수님은 2천 년 전에 십자가 위에서
보잘것없는 나의 행위나 됨됨이와 상관없이
이미 나의 죄를 용서해 주셨습니다.

이 시간, 하나님의 말씀을 믿고
죄 사함의 권세와 축복을 선언합니다.
나의 죄는 이미 사함을 받았습니다!
나는 죄를 짓지 않을 수 있습니다!
나는 죄에서 이미 탈출했습니다!
나에게는 마귀가 주는 저주와
죄의 능력이 다 사라지고 없습니다!

이제 죄의 종에서 벗어나 의의 종이 되었으니,
그리스도 안에서 영적 자유를 누리며 살게 하옵소서.

복음을 믿으면 '이미'

죄와 사망의 법에서
해방되었습니다

¹ 그러므로 이제 그리스도 예수 안에 있는 자에게는 결코 정죄
함이 없나니 ² 이는 그리스도 예수 안에 있는 생명의 성령의 법
이 죄와 사망의 법에서 너를 해방하였음이라(롬 8:1-2).

죄와 사망에서
해방됨의 축복

하나님은 예수 그리스도를 믿고 따르는 모든 사람에게 복음의 능력과 축복을 부어 주셨습니다. 앞서 1, 2장에서 살펴보았듯이, 우리가 하나님의 자녀가 되었고, 우리의 원죄가 예수 그리스도의 피로 근본적으로 다 씻어졌다면 세 번째로 임하는 복음의 능력과 축복이 있습니다. 그것은 바로 해방됨의 축복입니다.

로마서 8장 1-2절은 해방됨의 축복에 대해 "그러므로 이제 그리스도 예수 안에 있는 자에게는 결코 정죄함이 없나니 이는 그리스도 예수 안에 있는 생명의 성령의 법이 죄와 사망의 법에서 너를 해방하였음이라"라고 말합니다.

여러 번 반복해서 언급하지만, 복음의 능력과 축복을 이야기하는 이 말씀의 특징은 과거형이라는 것입니다. 모든 축복은 이미 과거에 이루어졌습니다. 우리는 이미 죄 사함을 받았고, 이미 하나님의 자녀가 되었고, 이미 죄와 사망의 법에서 해방되었습니다. 우리에게 이미 저주는 물러갔고, 이미 모든 질병은 치유되었습니다. 문제는 이 사실이 잘 믿어지지 않는다는 것인데, 그 이유는 우리가 너무 오랫동안 이성과 경험의 세계의 지배를 받아 반복해서 죄를 지어 왔기 때문입니다. 그러나 사실은 다 이루어진 일이라는 점을 반드시 기억하십시오.

요즘 저는 사는 게 정말 재미있습니다. 지금도 아픈 증상이 남아 있어 약을 먹고 있지만, 현상은 비록 그대로이지만 과거와 달라진 점이 있다면, 약을 먹기 전에 "너는 이미 질병이 치유되었느니라"라고 선언한다는 것입니다. 마음으로는 이미 치유되었기에 기쁨이 절로 솟아납니다. 하나님께 대한 믿음을 가지니 걷는 것도 재밌고, 일하는 것도 즐겁고, 모든 일이 긍정적으로 사고되고, 자신감이 생기며, 도전하고 싶어집니다.

예수님을 믿는 그리스도인들에게 주어진 가장 놀라운 능력과 축복은 죄와 죽음의 권세에서 해방되었다는 것입니다. 에베소서 1장 7절에 의하면, 우리는 그리스도 안에 있는 하나님의 은혜의 풍성함과 예수님의 피로 말미암아 속량(구속), 곧 죄 사함을 받았습니다. 우리는 더 이상 죄와 저주와 절망과 죽음의 법 아래 있지 않습니다. 마귀의 속임수에 넘어갈 필요가 없습니다.

하지만 마귀는 계속해서 거짓말을 속삭입니다. 우리를 죽이려 하고 파멸로 이끕니다. 마귀가 지난 수천 년 동안 세계를 지배했기 때문에, 세상은 마귀가 주도하는 문화적 현상으로 점철되어 있습니다.

우리는 죄와 더불어 오랫동안 마귀의 종노릇을 했기 때문에 마귀로부터 해방되었음에도 불구하고 그 사실을 잘 믿지 못합니다. 그렇다 보니 습관적으로 죄를 짓는 일을 막을 수가 없습니다. 우리에게 죄가 있어서가 아닙니다. 마귀가 마치 자신이 우리의 주인인 양 행세하며 계속해서 우리 안에 부정적인 생각을 집

어넣고, 악한 마음을 주입하며, 나쁜 습관을 유지하도록 만드는 것입니다. 마치 마약, 알코올, 약물, 담배에 중독된 사람이 그 대상에 습관화된 것과 같습니다. 마음을 단단히 먹으면 얼마든지 끊을 수 있는데, '나는 중독 상태이기 때문에 절대 못 끊는다'고 생각하는 것입니다.

어떤 사람은 입만 열면 과장하고 거짓말을 합니다. 언젠가 욕을 잘하는 사람을 만난 적이 있습니다. 왜 욕을 하느냐고 물으니, 욕을 하지 않으면 입이 근질근질하고 욕을 해야만 말한 느낌이 든다고 했습니다. 그 사람은 느낌이나 감정으로 사는 사람이고, 중독 현상으로 사는 사람인 것입니다. 또 어떤 사람은 너무 부정적인 생각에 사로잡혀 살아왔기 때문에 항상 상대방을 긁어야 속이 시원합니다. 말을 한마디 해도 상처가 되는 말만 골라서 합니다. 너무 오랫동안 마귀로부터 잘못된 문화를 답습해 왔기 때문에 이런 현상이 일어나는 것입니다.

예수 믿는 우리는 얼마든지 화내지 않을 수 있고, 죄짓지 않을 수 있습니다. 그러면 걱정과 슬픔과 저주가 떠나고, 죽음의 그림자마저 떠나갑니다. 오랫동안 병상에 있던 사람도 더 이상 아프지 않게 됩니다. 마귀의 모든 권세가 이미 사라졌기 때문입니다. 죄와 사망의 법에서 해방된 우리는 긍정적인 사고를 하고, 건강한 생활을 하며, 축복과 믿음의 문화를 이루어 나가야 합니다.

그리스도 안에서
정죄함은 없다

마귀는 우리가 죄지은 사실을 딱 집어서 "너 죄지었지?" 하면서 자꾸 협박합니다. 우리에게 있는 죄를 계속 지적하고, 우리를 조롱하고, 참소하며, 정죄합니다. 마귀가 결정적인 증거를 대면서 "너 사기 쳤지? 너 간음했지? 너 거짓말했지? 너 살인했지? 너 부모를 무시하고 화를 냈지? 너 하나님을 원망했지?"라고 참소하면 우리는 꼼짝 못하게 되어 있습니다. 겉으로는 다른 사람에게 들키지 않게 꼭꼭 숨겨 놓았지만 죄지은 것이 사실이기 때문입니다.

마귀는 우리의 죄를 자꾸 상기시켜 기를 죽입니다. 이것이 정죄받는 일입니다. 마귀에게 정죄받는 사람은 눈치를 보게 됩니다. 혹시 자신이 지은 죄를 누군가에게 들키지 않을까 전전긍긍합니다. 비밀이 탄로 나지 않을까 지레 겁을 냅니다. 이것이 마귀가 하는 일이요, 사람들로 하여금 자살하게끔 유도해 가는 행위입니다.

하지만 안심하십시오. 예수 그리스도 안에 있는 우리에게는 결코 정죄함이 없습니다. 로마서 8장 1절은 "그러므로 이제 그리스도 예수 안에 있는 자에게는 결코 정죄함이 없나니"라고 말합니다. 우리는 이 말씀을 듣기만 해도 진정한 평안을 누리게 됩니다. 생각해 보십시오. 마귀가 우리가 지은 죄를 지적하며 협박해서 사람 발자국 소리만 들어도 겁이 나고 두려운데, 예수 안에 있는 자에게는 결코 정죄함이 없다니요!

하나님은 우리의 죄가 주홍같이 붉을지라도 눈같이 희게 하시고 하나도 기억하지 않으십니다(사 1:18). 우리에게는 더 이상 정죄함이 없습니다. 하나님이 정죄하시지 않는데 누가 감히 우리를 정죄할 수 있겠습니까? 예수님 안에는 해방됨과 자유함이 있습니다. 원죄는 사라졌습니다. 예수님을 믿는다는 것은 예수 그리스도 안에서 하나님의 은혜의 풍성함을 따라 그리스도의 보혈로 원죄가 뿌리째 뽑혀 나갔다는 사실을 믿는 것입니다.

하지만 죄의 현상들에 계속 머물러 온 우리로서는 그 사실이 믿어지지가 않고, 믿는다고 선뜻 말하지도 못하겠습니다. 마치 "당신의 모든 질병은 이미 치유되었습니다"라는 치유의 선포가 있었는데도 불구하고, '나는 암이 계속 재발했는데, 선포하고 나서 또다시 암이 재발하면 어떻게 하지?' 하며 두려운 마음에 잘 믿지를 못하는 것입니다. 그러다 보면 복음의 능력과 축복을 선포하는 일에 주저하게 됩니다.

또한 '내가 이러다가 또 죄를 지으면 어떻게 하지?'라는 두려움과 불신앙 때문에 선포하지 못합니다. 어떤 사람은 담배를 500회나 끊었다고 하면서 다시 피웁니다. "이 원수 같은 담배!" 하면서 담배를 가위로 끊고는 그다음 날 다시 피웁니다. 이제 그는 "나는 담배를 끊었다"는 선포를 더 이상 하지 못합니다. 또다시 담배를 피웠다는 상처가 내재되어 있기 때문입니다. 더 이상 믿지 못하는 것입니다.

이처럼 우리가 싸워야 할 대상은 불신앙입니다. 불신앙이라는 장애를 뚫고 죄 사함의 능력과 축복을 담대히 선포해야 믿음의 승리를 거둘 수 있습니다. 우리는 "예수 그리스도 안에 있는 자에게는 결코 정죄함이 없다"는 선포를 자주 해야 합니다. 언제까지 선포해야 합니까? 믿어질 때까지, 내 것이 될 때까지 수시로 선언해야 합니다.

해방됨의
원리

그러면 예수님이 어떻게 우리에게 자유와 해방을 주셨는지 살펴보겠습니다. 로마서 8장 2절을 보면, "이는 그리스도 예수 안에 있는 생명의 성령의 법이 죄와 사망의 법에서 너를 해방하였음이라"라고 기록되어 있습니다. 이것이 바로 해방됨의 원리입니다.

예수 그리스도 안에는 생명의 성령의 법이 있고, 죄인에게는 죄와 사망의 법이 있습니다. 예수 그리스도를 믿지 않는 사람, 그리스도의 보혈로 죄 사함을 받지 않은 사람은 죄와 사망의 법에 매여 있습니다. 따라서 두 번째 복음의 능력과 축복인 죄 사함의 축복이 해방됨의 축복보다 먼저입니다. 하나님의 자녀가 되고, 원죄가 뿌리째 뽑히면, 세 번째로 진정한 자유와 해방됨의 축복이 옵니다.

원죄에는 죄와 사망의 법이 있어서 인간을 지배하기 때문에 우리는 죄로부터 해방되어야 합니다. 예수 그리스도 안에 있는 사람은 생명의 성령의 법이 지배합니다. 우리는 이 사실을 믿고, 인정하고, 마음껏 누려야 합니다. 따라서 우리는 '내 안에서 생명의 성령의 법이 죄와 사망의 법을 몰아내고 승리했다'는 사실, 우리가 이미 해방되었다는 사실을 믿고 선포해야 합니다. 믿어질 때까지, 자기가 한 말이 익숙해지고 자기 귀에 들릴 때까지 선포해야 합니다. 가장 좋은 선포 방법은 옆 사람에게 고백하는 것입니다. 지금 옆에 있는 누군가에게 "내게는 죄와 사망의 법이 다 사라졌습니다. 생명의 성령의 법이 나를 지배하고 있습니다"라고 선포해 보십시오.

그런데 우리는 막상 선포하려면 두려움이 엄습합니다. '나에게는 죄가 있는데? 내게 생명의 성령의 법이 있다고 자신 있게 말하기는 좀 어려울 것 같은데?' 하며 의심을 품습니다. 그래서 복음의 능력과 축복을 선포하는 일이 익숙하지 않고 불편합니다.

그럼에도 불구하고 우리는 자꾸 "내게는 죄를 이길 능력이 있다"고 선포해야 합니다. 약을 먹으면서도 치유를 선포하면 병이 사라집니다. 이 사실을 믿으십시오. 비록 죄를 짓지만 "나는 죄의 지배를 받지 않는다"고 선포하면 죄가 순식간에 능력을 상실하고 맙니다. 화가 나는 감정을 억제할 수 없는 순간, 얼른 뒤로 돌아서서 "예수의 이름으로 명하노니 나는 화를 내지 않는다!"고 선포해 보십시오. 신기하게도 화의 권세가 사라집니다.

예수님을 믿는 우리에게는 생명의 성령의 법이 있어서 우리를 지배하고 있기 때문에 이 일이 가능합니다. 우리가 생명의 성령의 법의 지배를 받으면 우리 안에서 우리를 속이고 괴롭히는 죄와 사망의 법이 안개처럼 사라집니다.

복음이란 해방됨의 능력과 축복이 이미 이루어진 상태를 말합니다. 2천 년 전에 예수님이 십자가에서 보혈을 흘리실 때 이미 우리의 죄는 사함을 받았고 모든 저주가 사라졌습니다. 2천 년 전에 예수님이 살점을 뜯기고 피 흘리신 것이 아무런 의미가 없겠습니까? 예수님이 십자가를 지심으로 죄가 사라졌고, 예수님이 채찍에 맞아 살가죽이 벗겨져 상처가 생겼을 때 우리의 상처가 이미 치유된 것입니다.

이것이 하나님의 말씀입니다. 그런데 우리는 이 말씀을 들으면서 자꾸 믿지 않으려고 합니다. 히브리서 4장 2절은 "그들과 같이 우리도 복음 전함을 받은 자이나 들은 바 그 말씀이 그들에게 유익하지 못한 것은 듣는 자가 믿음과 결부시키지 아니함이라[믿음을 화합지 아니함이라, 개역한글]"라고 말합니다. 우리가 들은 말씀에 능력이 없는 까닭은 말씀이 잘못된 것이 아니라 말씀과 믿음이 화합되지 않았기 때문이라는 것입니다. 말씀은 능력인데, 믿음과 화합되지 않으면 아무런 힘도 발휘하지 못합니다. 믿어야 합니다.

말씀과 믿음이 화합될 때 모든 죄와 사망의 법이 거짓말처럼 사라지고 해방됨의 축복을 받습니다. 이것이 복음의 능력입니다.

믿음으로 축복을 선포하라

우리의 원죄는 뿌리째 뽑혀 거짓말같이 사라졌습니다. 사실 이 일이 쉽게 믿기지는 않습니다. 그래서 요즘 세상에 복음을 말하기란 참으로 어렵습니다. 교회에서도 복음 설교보다는 윤리 설교를 많이 하는 편입니다. 하지만 "죄 지으면 안 된다"는 윤리 설교는 아무리 많이 들어도 별다른 변화를 경험할 수가 없습니다. 설교는 복음 선포라야 합니다. 물론 복음을 선포하는 것은 두려운 일입니다. 마치 열 길 낭떠러지로 떨어지는 것과도 같습니다. 그러나 복음을 선포하는 사람에게는 기도의 능력이 있고, 기적을 일으키는 힘이 있으며, 죄를 이기는 능력이 있습니다.

우리의 모든 문제는 2천 년 전에 십자가에서 이미 다 해결되었습니다. 지금 내가 선행을 많이 하고 기도를 많이 해서 복음의 능력과 축복을 얻는 것이 아닙니다. 믿음은 현재형입니다. 우리가 지금 믿음을 가지고 기도하면 2천 년에 이미 주어진 축복이 꽃을 피우고, 열매를 맺고, 능력을 나타내 우리가 그 능력 가운데 행하게 되는 것입니다.

이제 남은 과제는 우리가 성령의 도우심을 힘입어 믿음으로 말미암아 해방됨의 능력과 축복을 선포하는 일입니다. 성령의 도우심으로 매일 믿음의 선포를 하고, 복음의 능력이 우리 입에서 익숙해지게 해야 합니다.

비록 현실이 원하지 않는 방향으로 전개되더라도, 지금 일어나고 있는 일들이 저주로 가득차 있더라도 그 현상을 보고 믿지 말고 오직 하나님의 말씀만을 믿고 복음의 능력을 선포하십시오. 자녀가 현실적으로 말을 안 듣고 제멋대로 행동하는 모습이 보이거든 그 현상만 보지 말고 자녀의 뒷모습을 향해 축복을 선언해 보십시오. 그러면 자녀가 나쁜 짓을 하다가도 회개하고 돌아올 것입니다. 하나님을 의지하고 믿음의 선포를 계속해 나가면 복음의 능력과 축복이 계속해서 임할 것입니다. 우리의 인생이 하나님께로 돌아서고, 가정에 변화가 일어나고, 우리의 기업이 변할 것입니다.

이제 결론이 났습니다. "믿을 것인가, 의심할 것인가?", "선포할 것인가, 미룰 것인가?" 지금 믿고 선포하기를 바랍니다. 의심하지 말고 믿으십시오. 그러면 놀라운 영적 체험이 시작됩니다.

다시 한 번 로마서 8장 2절 말씀을 읽으면서 '너'라는 단어 자리에 자기 이름을 넣어 보십시오. 자신의 이름이 귀에 똑똑히 들리도록 크게 읽으십시오.

"이는 그리스도 예수 안에 있는 생명의 성령의 법이 죄와 사망의 법에서 너를 해방하였음이라."

인간의 이성과 상식과 경험으로 하나님의 말씀을 따지지 말고, 믿음으로 능력의 말씀을 선포해 보십시오. 그렇게 하는 이유는 성경에 쓰여 있기 때문입니
83

다. 곧 복이 되어 돌아올 것입니다.

힘들 때마다, 고아처럼 느낄 때마다, '하나님이 나를 잊어버리셨나?' 느껴질 때마다 "나는 하나님의 아들이다"라고 선포하십시오. 너무 괴로워 극단적인 선택의 기로에 놓였을 때 이 고백을 하면 새 길이 열릴 것입니다. 선포하지 않기 때문에 마귀가 주는 부정적이고, 비참하고, 우울한 생각에 빨려들어 가는 것입니다.

사람은 우울증에 빠지면 앞뒤 돌아보지 않고 죽음을 택합니다. 마귀는 믿는 자들이라 할지라도 우울하게 하는 생각들로 끊임없이 데려갑니다. 그 생각들은 환경적인 요인에 의해 설득력을 얻습니다. 곧 죽음을 생각하게 됩니다.

그때 우리가 할 일이 무엇입니까? "나는 하나님의 자녀다", "나는 죄 사함을 받았다"라고 크게 선언하는 것입니다. 아무리 사형수라도 죄 사함을 받았다고 선포하면 죄와 사망의 법에서 해방될 수 있습니다. 비록 현실과 기도가 맞지 않아도 계속해서 찬송하고 기도하며 나아가면 생명의 성령의 법이 죄와 사망의 법

에서 우리를 탈출시킵니다. 하나님 안에서 자유함을
누리십시오.

죄에서 자유함을
선언하라

이렇게 선언하며 기도합시다. "하나님 아버지, 예수
그리스도 안에서 하나님의 풍성한 은혜를 따라 예수
님의 보혈과 생명의 성령의 법을 의지해 주님께 나아
갑니다. 성경에 기록된 하나님의 말씀과 약속을 믿고
나아갑니다. 2천 년 전에 예수님이 십자가에서 이루
신 복음의 능력과 축복을 오늘 내게 주옵소서. 마귀의
거짓과 잘못된 환상과 익숙한 문화에서 벗어나 생명
의 성령의 임재와 인도하심을 받게 하옵소서. 예수님
의 이름으로 기도드립니다. 아멘."

　이 기도를 드리는 순간, 벌써 내 안에 있는 더러운
마귀가 보따리를 싸기 시작했습니다. 그런데 우리는
믿음으로 선포하지 않기에 마귀가 문간에 서서 갈까,

말까 고민하고 있습니다. 그때는 발로 확 차서 마귀를 쫓아내야 합니다. 사고, 행동, 생활, 문화 등에서 하나님을 의심하고, 부정하며, 근심하는 것들을 내 몸 밖으로 몰아내십시오. 우리 안에 생명의 성령의 법과 해방됨의 축복이 충만하게 해 달라고 하나님께 기도하십시오. 찬송과 기쁨과 감사가 흘러넘치게 해 달라고 기도해야 합니다.

생명의 성령의 법이 우리를 죄와 사망의 법에서 이미 해방시켰기 때문에 우리에게는 그런 기도를 드릴 자격과 특권이 있습니다. 우리가 하나님의 자녀라는 사실을 활용하십시오. 이것이 복음입니다. 하지만 안타깝게도, 어떤 사람들은 아직도 고아 같습니다. 아버지가 없어서 아무 보호도 받지 못한 채 혼자 모든 것을 해결하려고 하니 너무 힘이 듭니다. 말할 대상도, 도와줄 사람도, 위로할 이도 없이 끝없이 펼쳐진 광야를 홀로 걸어가는 사람 같습니다. 혼자 처량하게 비 맞는 사람 같습니다.

하나님은 우리의 아버지시고, 우리는 하나님의 자녀입니다. 하나님은 언제나 우리와 동행하십니다. 우리에게 힘과 능력을 공급하시고, 우리를 보호하시고, 축복하시고, 인도하시고, 하나님의 놀라운 것들을 다 상속해 주십니다. 따라서 우리는 하나님 아버지의 사랑과 보호와 능력 속으로 들어가야 합니다.

우리가 주홍같이 붉은 죄를 지었을지라도 이미 예수님이 십자가에 못 박혀 죽으심으로 말미암아 우리의 죄는 다 제거되었습니다. 원죄마저 뿌리째 뽑혔습니다. 우리에게 남아 있는 것은 몇십 년 동안 우리가 마귀와 살아오면서 익숙해진 문화뿐입니다. 그 중독된 문화를 예수님의 이름으로 과감하게 거절하십시오. 예수님의 능력으로 이렇게 선포하십시오. "이 잘못된 문화는 내 몸 밖으로 나갈지어다."

예수님의 능력을 의지해 익숙했던 문화 현상에서 멀리 떠나십시오. 그러면 하나님이 새로운 생명의 문화, 기적의 문화를 열어 주실 것입니다. 우리는 우리 주변을 생명의 문화, 성령의 문화, 축복의 문화, 예수님의 문화로 바꿔야 합니다. 화를 벌컥 내려다가도 "아멘", "할렐루야"를 외치십시오. 못 먹는 감 찔러나 보자면서 남 잘되는 모습을 보지 못하고 비꼬

아서는 안 됩니다. 먼저 가서 축복하고 내 것을 나눠 주어야 합니다. 일도 시켜서 하는 것이 아니라 자발적으로 하십시오. 빨래하고 청소할 때도 찬양을 하고, 누군가 내 뺨을 때리면 "할렐루야" 하십시오. 하나님은 이러한 축복의 문화를 우리에게 주셨습니다. 예수 그리스도 안에 있는 생명의 성령의 법이 죄와 사망의 법을 완전히 눌러 이겼습니다.

자신이 가장 잘 짓는 죄를 한 가지만 정해서 선포하십시오. 누가 알까 두렵지만, 그럼에도 불구하고 기도하면 하나님이 그 순간 자유와 평안을 주십니다. 예수님을 믿는 것은 실제적이지, 관념이 아닙니다. 예수 믿는 것은 복음의 능력을 삶에서 누리는 것입니다. 생명의 성령의 법이 죄와 사망의 법에서 우리를 해방시켰습니다. 우리 모두에게 복음의 능력과 해방됨의 축복이 넘치기를 간절히 바랍니다.

해방됨의 능력과 축복을
구하는 기도

하나님 아버지!
나로 죄와 사망의 그늘에서 해방되어
빛을 보게 하시니 감사합니다.
나는 죄와 죽음의 권세에서 해방되었습니다.
그러나 지금도 마귀가 나를 향해 여전히 죄인이라며
손가락질하고 정죄합니다.

주여, 나의 믿음 없는 것을 도와주소서.
이 시간, 믿음으로 해방됨의 능력과 축복을 선포합니다.
예수 그리스도 안에 있는 나에게는
결코 정죄함이 없습니다!
나에게는 죄를 이길 능력이 있습니다!

생명의 성령의 법이 죄와 사망의 법에서
나를 해방시켰음을 믿습니다.
마귀의 거짓과 잘못된 환상과 익숙한 문화에서 벗어나
생명의 성령의 임재와 인도하심을 받게 하옵소서.

복음을 믿으면 '이미'
모든 아픔에서
치유되었습니다

²² 그는 죄를 범하지 아니하시고 그 입에 거짓도 없으시며 ²³ 욕을 당하시되 맞대어 욕하지 아니하시고 고난을 당하시되 위협하지 아니하시고 오직 공의로 심판하시는 이에게 부탁하시며 ²⁴ 친히 나무에 달려 그 몸으로 우리 죄를 담당하셨으니 이는 우리로 죄에 대하여 죽고 의에 대하여 살게 하려 하심이라 그가 채찍에 맞음으로 너희는 나음을 얻었나니 (벧전 2:22-24).

인간의 모든 질고를
담당하신 예수님

신약성경을 자세히 살펴보면, 놀랍게도 치유에 대한 말씀이 곳곳에 기록되어 있는 것을 발견하게 됩니다. 이 장의 본문 말씀인 베드로전서 2장 22-24절도 그 중에 하나입니다.

예수님은 나무(십자가)에 달리심으로써 그 몸으로 우리의 죄를 이미 담당하셨습니다. 뿐만 아니라 우리로 하여금 죄에 대하여 죽고 의에 대하여 살게 하셨습니다.

또한 예수님은 십자가에 달리실 때 로마 군인들에 의해 채찍에 맞으셨습니다. 당시 로마 군인들이 사용했던 채찍은 길이 1.5m 정도의 가죽으로 된 것으로,

그 끝에 쇠붙이가 달려 있어서 맞으면 살점이 찢겨져 나갔습니다. 예수님이 채찍에 맞아 살점이 뜯어져 나갔을 때 그분이 받으신 상처 때문에 우리의 모든 상처와 병이 치유되었습니다. 게다가 예수님은 십자가를 지실 때 뺨을 맞고 침 뱉음을 당하는 등 말할 수 없는 수모를 겪으셨습니다. 그 사건 때문에 우리 안에 있는 모든 내면적 상처가 치유되었습니다. 이것이 "그가 채찍에 맞음으로 너희는 나음을 얻었나니"라는 말씀의 의미입니다.

마태복음 8장 16-17절을 보면, "저물매 사람들이 귀신 들린 자를 많이 데리고 예수께 오거늘 예수께서 말씀으로 귀신들을 쫓아내시고 병든 자들을 다 고치시니 이는 선지자 이사야를 통하여 하신 말씀에 우리의 연약한 것을 친히 담당하시고 병을 짊어지셨도다 함을 이루려 하심이더라"라고 말합니다. 여기서 '선지자 이사야를 통하여 하신 말씀'은 이사야 53장에 기록된 메시아 예언의 말씀을 가리킵니다. 이 땅에 메시아가 고난받는 종으로 오시는데, 그가 어떻게 우리의 죄를 짊어지실 것인가에 관해 예언된 말씀을 인용

한 것입니다.

예수님이 십자가를 지셨다는 것은 예수님이 인간의 모든 연약한 것을 친히 담당하셨고, 모든 질병을 짊어지셨다는 의미입니다. 여기서 예수님이 담당하신 '연약한 것'이란 우리의 죄뿐만 아니라 우리가 인간이기에 가지고 있는 부족함과 무지함과 미숙함으로 인해 발생되는 수많은 고난을 의미합니다.

십자가를 영적으로 바라보는 사람들은 처음에는 "웬 일인가, 웬 은혠가!" 하며 나를 위해 주님이 살점을 뜯기고 피를 흘리며 고생하면서 죽어 가시는 모습을 봅니다. 그러나 가만히 십자가를 묵상하다 보면 그 예수님은 영광 중에 부활하셨기 때문에 계시지 않고, 자신의 병과 약함과 수치와 절망만이 십자가에 걸려 죽어 있는 현장을 목격하게 됩니다. 예수님이 채찍에 맞으심으로, 예수님이 수치를 당하심으로 우리에게 있는 모든 병과 절망과 상처와 쓰라린 아픔이 십자가로 이동해 가서 내게서는 사라지고 없는 것입니다. 이것이 십자가를 바로 보는 눈입니다.

치유의 기적은
'현재진행형'

어떤 성경의 경우 사복음서에 별색으로 표시된 부분이 있습니다. 그것은 예수님이 직접 하신 말씀을 뜻하는데, 그 말씀을 큰 소리로 자신의 귀에 들리도록 읽어 보십시오. 그러면 내 삶에 기적이 일어날 것입니다.

그런데 그중에 예수님이 질병을 고치시는 이야기가 의외로 많다는 사실을 알고 계십니까? 각색 질병들의 이름이 나옵니다. 사람은 육신을 가진 존재이기에 질병의 문제가 다양하고 심각합니다. 질병에 눌려 있고, 병 치료에 너무 많은 시간을 소비하며 매우 큰 경제적 부담에 시달리고 있습니다.

예수님 당시나 지금이나 상황은 마찬가지입니다. 암에 걸렸거나 식물인간 상태로 장기간 병원에서 지내는 사람들이 너무 많습니다. 교통사고 등 각종 재난이나 태어날 때부터 신체장애를 입은 사람들도 허다합니다. 자폐증, 정신분열증, 우울증 등으로 고생하는 사람들도 많습니다. 그러면 환자 본인도 괴롭지만 주변 사람들도 힘들고 가족들은 모두 우울해집니다.

그런 우리는 성경에서 놀라운 사실을 계속해서 발견하게 됩니다. 2천 년 전에 예수님이 십자가에서 인간의 모든 질병을 친히 감당하셨다는 것입니다. 성경을 보면서 이 부분을 놓치고 읽을 때가 참 많습니다.

특히 그중에서도 야고보서 5장 14-15절이 중요한데, "너희 중에 병든 자가 있느냐 그는 교회의 장로들을 청할 것이요 그들은 주의 이름으로 기름을 바르며 그를 위하여 기도할지니라 믿음의 기도는 병든 자를 구원하리니 주께서 그를 일으키시리라 혹시 죄를 범하였을지라도 사하심을 받으리라"라고 말합니다. 또한 마가복음 16장 17-18절은 "믿는 자들에게는 이런 표적이 따르리니 곧 그들이 내 이름으로 귀신을 쫓아내며 새 방언을 말하며 뱀을 집어 올리며 무슨 독을 마실지라도 해를 받지 아니하며 병든 사람에게 손을 얹은즉 나으리라 하시더라"라고 이야기합니다.

게다가 사도행전을 보면, 사도들도 예수님의 이름으로 많은 병자를 치유했습니다. 심지어 사도 바울의 경우에는 사람들이 그의 손수건이나 앞치마를 가져

다가 병든 사람에게 얹으면 그 병이 떠나고 악귀도 나갔다고 합니다(행 19:12).

그렇다면 여기서 2가지 질문을 던져 보겠습니다. 먼저, 이러한 치유의 기적들은 예수님 당시에만 있었고 지금은 없는 것일까요? 또한 예수님은 각종 질병들을 치유하셨는데, 우리는 못하는 것일까요?

대답은 아주 간단합니다. 지금도 치유의 기적은 있을 수 있고, 우리도 치유할 수 있다는 것입니다. 예수님이 질병을 치유하셨기에 우리도 지금 당연히 행할 수 있습니다. 예수님의 말씀은 어제나 오늘이나 내일이나 변함이 없습니다. 하나님도 항상 동일하십니다. 세월이 가고 시대가 바뀌었다고 해서 하나님이 달라지시는 것은 아닙니다. 하나님의 말씀은 영원한 능력입니다.

문제는 예수님 당시와 마찬가지로, 지금도 우리의 믿음입니다. 믿느냐, 안 믿느냐의 문제인 것입니다. 예수님이 십자가에 달리시고, 죽으시고, 부활하셨을 때 그 사실을 믿지 못한 제자들이 태반이었습니다. 부활하신 예수님의 손과 옆구리를 직접 만져 보기 전에는 믿지 못하겠다는 도마도 있었고(요 20:25), 3년 동안 예수님과 함께 생활했지만 은 30에 그분을 팔아 버린 가롯 유다도 있었습니다. 예수님이 부활하신 후에도 몇몇 제자들은 믿지 못하고 전직이었던 어부로 돌아갔습니다.

사실이 있지만 믿지 않는 사람들이 있다는 것입니다. 우리 모두가 믿는 사람들이 되기를 간절히 바랍니다. 믿는 자들은 구원을 받고 영광을 볼 것이라고 예수님은 말씀하셨습니다. 똑같은 구원의 설교를 듣고도 어떤 사람은 예수를 믿고, 어떤 사람은 믿지 않습니다.

영국의 철학자 버트런드 러셀(Bertrand Russell)은 《나는 왜 기독교인이 아닌가》라는 책을 썼습니다. 러셀은 그 책에서 철학적이고 문화적인 요소들을 총동원해 많은 논리를 갖다 붙여 형이상학적으로 말했습니다. 하지만 그 책의 결론은 "나는 예수님을 믿지 않겠다"는 것입니다. 독일의 시인이자 철학자인 프리드리히 니체(Friedrich Wilhelm Nietzsche)는 예수님에 대해 많이 연구한 사람입니다. 그의 책 《차라투스트라는 이렇게 말했다》는 마태복음 5장의 팔복 말씀과 똑같은 필체로 쓰여 있습니다. 마태복음 5장을 읽고 화가 나서 이 책을 썼기 때문입니다. 그는 하나님을 많이 생각했고, 교회에도 다녔으며, 예수님을 믿었지만 결국 "신은 죽었다"고 말했습니다.

지식이 많고 적음에 따라 하나님을 믿고 못 믿는 것이 아닙니다. 지식의 정도와 상관없이 하나님을 믿는 사람과 믿지 않는 사람은 구별됩니다. 그러나 믿는 자에게는 구원이 임하고 그는 하나님의 영광을 보게 될 것입니다. 믿는 자에게는 하나님이 치유의 축복을 내려 주실 것입니다. 믿는 자는 하나님이 상상할 수 없는 기쁨과 환희와 열정과 능력과 축복을 경험하게 해 주실 것입니다.

우리는 단지 교회만 다니는 데 그쳐선 안 되고 확실한 믿음을 가져야 합니다. 예수님으로부터 오는 믿음, 성령으로부터 오는 믿음, 말씀을 믿는 믿음이 성령으로 말미암아 우리 마음속에 생겨서 우리 안에 있어야 합니다. 믿음을 갖게 되면 내 환경과 삶이 매우 고통스럽더라도, 어떤 형태의 질병을 갖고 있더라도 능히 해방될 수 있습니다.

지금도 하나님의 말씀은 변함이 없고, 하나님이 그 말씀을 믿고 따르는 사람들에게 동일한 축복을 내려 주신다면, 예수님만 치유의 사역을 행하시는 것이 아니라 성령을 받은 모든 자, 하나님의 말씀을 믿는 모든 사람에게도 시대를 초월해 동일한 성령의 역사가 일어난다면 오늘 그 기적이 우리에게도 일어나기를 바랍니다. 예수 믿는 우리의 삶에 즐거움, 축복, 환희, 감격이 날마다 충만하기를 바랍니다.

우리는 예수 믿으면 천국 갑니다. 그러나 그 천국을 어떻게 가시겠습니까? 주인이 쇠코뚜레를 꿰서 끌고 가는 소처럼 마지못해 끌려가며 예수님을 믿으시겠습니까? "할렐루야" 하고 찬양하며 춤추며 예수님을 믿으시겠습니까?

하나님은 영광스런 축복을 이미 우리에게 선물해 주셨습니다. 그렇다면 우리는 어떻게 이처럼 살아 있는 사도행전적 삶을 살아갈 수 있을까요? 때로는 실패하고, 실직도 하고, 이혼도 하고, 질병도 앓으며, 많은 상처를 받은 우리의 삶이 기적적으로 변화되는 일이

과연 가능할까요? 가능하다면 어떻게 이루어질까요?

이제 성경에 기록된 치유됨의 능력과 축복을 받기 위한 4가지 원리를 살펴보겠습니다. 이 원리들을 어린아이같이 받아들이면, 약속의 말씀을 반드시 지키시는 하나님이 우리의 삶에 기적을 베풀어 주실 것입니다.

하나님과 우리의
부자 관계 정립

치유됨의 축복을 받기 위한 첫 번째 원리는 하나님과 우리의 관계를 확실히 하는 것입니다. 예수님이 십자가에 못 박혀 죽으심으로써 하나님은 우리를 자녀로 삼아 주셨습니다. 우리는 "영접하는 자 곧 그 이름을 믿는 자들에게는 하나님의 자녀가 되는 권세"(요 1:12)가 주어졌다는 사실을 확신해야 합니다.

병이 낫기를 기도하기 전에, 내 삶이 해방되기 전에 가장 먼저 확인되어야 하는 것은 하나님과 내가 부자 관계라는 사실입니다. 하나님과 우리의 관계가 불확실하면 기적의 근거를 찾을 수가 없습니다. 우리가 하나님의 기적과 능력을 경험할 수 있다는 가장 기본적인 근거는 '우리는 예수 그리스도의 이름으로 하나님의 아들이 되었다'는 하나님과의 관계 설정입니다. 우리는 하나님의 자녀입니다. 고아나 미아처럼 살지 마십시오. 우리는 버려진 사람이나 잊힌 사람이 아닙니다.

온누리교회가 있기 전의 일입니다. 김기순 박사님이 미국에서 공부하시고 한국 정부의 초청으로 귀국해 KIST(한국과학기술연구원)에서 근무하시게 되었습니다. 그분은 국내 생활 중 간암에 걸리셨습니다. 연구 활동도 중단한 채 얼마 남지 않은 목숨을 병상에서 부지하고 계셨습니다. 그분의 부인과 친구들이 저를 찾아와 기도를 부탁하셔서 서울대병원으로 심방을 갔습니다. 그분의 얼굴은 새까맣고 황달기가 농후해 마치 죽은 사람과 같았습니다.

그분은 원래 불교 신자여서, 저는 어디서부터 무슨 말을 해야 할지 몰랐습니다. 그때 저는 전도사였는데, 이렇게 말했습니다. "김 박사님, 저는 전도사인데 기도하러 왔습니다. 그런데 하나님과 김 박사님은 아무런 관계가 없기 때문에, 제가 기도하기 전에 단도직입적으로 묻겠습니다. 예수님을 믿으시겠습니까?" 그러자 그분은 아무 말이 없더니 갑자기 눈물을 흘리며 우시기 시작했습니다. 서울대학교와 MIT대학교와 하버드대학교라는 화려한 경력과 박사 학위는 김 박사님을 구원해 주지 못하고, 다만 하나님이 구원해 주실 수 있다고 설명했습니다. 그제야 그분은 예수님을 믿겠다고 말씀하셨습니다.

저는 서울대병원 후문으로 나와 성균관대학교까지 걸으면서 하나님께 김 박사님을 살려 달라고 울면서 간절히 기도했습니다. 그분은 한 달 정도 치료받고 퇴원해 복직하셨습니다. 그 후 교회에 나오셨는데, 예수님을 믿어서 온 것이 아니라 젊은 전도사가 병실을 찾아와 기도해 주어서 병이 나았다며 고맙고 미안한 마음에 교회에 왔다고 하셨습니다. 이것이 온누리교회의 시작입니다.

그 후 그분은 3년을 더 사셨고 신실하게 예수님을

믿으셨습니다. 그분은 여생을 사는 동안 죽음에서 살아난 나사로처럼 무섭게 전도하셨습니다. 성경은 나사로 때문에 예수님을 믿은 사람들이 많았다고 말하고 있습니다(요 11:45).

이처럼 하나님은 하나님의 자녀들을 도와주시고, 지켜 주시며, 보호해 주십니다. 하나님이 우리의 삶에 적극적으로 개입하시는 이유는 우리가 하나님의 아들이고 딸이기 때문입니다. 하나님은 우리를 위해 자기의 아들을 십자가에 못 박아 죽이기까지 우리를 사랑하십니다.

치유의 시작은 예수님께 대한 믿음

우리가 하나님의 아들 되었음을 조금도 의심하지 않고 믿을 때, 하나님의 자녀로서 하나님 나라의 유업을 상속받는 영적 권리가 주어졌다는 사실을 믿을 때 각종 질병을 치유하는 기적이 시작됩니다. 이것이 둘째 원리입니다. 예수님이 십자가에 돌아가신 것은 우리의 모든 죄를 용서하신 것만을 의미하지 않습니다. 예수님이 채찍에 맞으심으로 그분의 살점이 떨어짐으로 말미암아 우리의 병이 십자가로 다 옮겨 가 저주와 죽음이 우리에게서 떠나간 것도 뜻합니다.

우리는 언젠가 죽습니다마는, 우리는 죽음을 넘어선 사람들입니다. 우리의 육신은 죽을 것이지만 우리의 영은 살았습니다. 무거운 죄의 짐은 떠났고 사망의 권세와 모든 저주는 사라졌습니다.

로마서 5장 17절은 "한 사람의 범죄로 말미암아 사망이 그 한 사람을 통하여 왕 노릇 하였은즉 더욱 은혜와 의의 선물을 넘치게 받는 자들은 한 분 예수 그리스도를 통하여 생명 안에서 왕 노릇 하리로다"라고 말합니다. 과거에는 원죄로 인해 사망이 왕 노릇 했습니다. 사망이 우리의 주인이었고, 우리는 사망의 노예였습니다. 모든 죽음의 그림자가 우리 마음을 점령하고 있었습니다. 절망, 좌절, 우울증, 질병은 모두 원죄의 현상들입니다.

그러나 이제 예수 그리스도로 말미암아 생명이 나

의 주인이 되어 왕 노릇 하게 되었습니다. 우리는 그리스도 안에서 하나님의 은혜의 풍성함을 따라 예수님의 보혈로 죄 사함을 받았고, 더 이상 정죄받는 일은 없어졌습니다. 이것은 그리스도 예수 안에 있는 생명의 성령의 법이 죄와 사망의 법에서 우리를 해방시켰기 때문입니다. 지금까지는 죽음의 법이 우리를 다스렸으나 이제는 생명의 법이 우리를 지배하게 되었습니다. 우리는 이 사실을 확신하고 언제 어디서나 항상 선포해야 합니다.

아담의 원죄와 우리가 지은 죄악들은 예수님이 십자가에 못 박혀 돌아가심으로써 뿌리째 뽑혀 무효가 되었습니다. 이 말은 모든 죄악의 결과인 저주, 패배, 절망감, 정신 질환, 육체적 질병, 죽음마저도 사라져 버렸다는 뜻입니다. 죄로 말미암아 생기는 모든 인간의 한계는 다 사라졌습니다.

고백할 때
치유가 시작된다

셋째는 우리가 하나님의 자녀가 되었고 예수님의 십자가로 죄와 사망의 법에서 해방된 사실을 믿고, 받아들이고, 선포해 자신의 것으로 만드는 일입니다. 그때 치유됨의 축복이 임합니다.

예수님은 이 땅에 계실 때 수많은 병자를 거절하시지 않고 모두 치유해 주셨습니다. 하지만 그때마다 바로 고쳐 주시지 않고 "네가 믿느냐? 너의 믿음대로 되리라", "너의 믿음이 너를 구원했느니라", "할 수 있거든이 무슨 말이냐 믿는 자에게는 능히 하지 못할 일이 없느니라"며 믿음을 확인하셨습니다. 왜 이런 말씀을 하셨을까요? 성경을 보면 환자가 "믿습니다"라고 자기 입으로 고백한 순간 병이 나았습니다. 우리도 예수님의 말씀을 믿고, 입으로 고백하고, 선포하는 순간 모든 질병이 치유되는 기적을 만나게 됩니다.

마태복음 9장에서 12년 동안 혈루증을 앓은 여인이 예수님 뒤로 다가가 예수님의 겉옷 자락을 잡았습니다. 그 여인의 마음속에는 예수님의 옷자락만 만져도 구원을 받겠다는 믿음이 있었습니다. 예수님이 돌이켜 그녀를 보며 "딸아 안심하라 네 믿음이 너를 구원하였다"(마 9:22)라고 말씀하시자, 그 즉시 여인은 혈루증을 치유받았습니다.

여인은 모든 어려움을 극복하고 예수님께 다가가 자신의 믿음을 적극적으로 표현했습니다. 그녀가 예수님께 나아갔던 이유는 예수님으로 인해 혈루증이 낫겠다는 믿음이 있었기 때문입니다. 예수님은 우리가 믿음을 표현하는 것을 매우 기뻐하십니다.

문제는 병이 낫고자 하는 마음은 간절한데, 그 간절함이 진짜 믿음이냐는 것입니다. 기대는 믿음과 다릅니다. 기대하고 소원하는 것은 믿음이 아니라 단지 인간적인 욕심일 수 있습니다. 예를 들면, 우리가 하나님께 "승진하게 해 주세요", "사업이 잘되게 해 주세요"라고 기도하는 것은 단순한 기대일까요, 아니면 진짜 믿음일까요? 그 기도를 깊이 파고 들어가 보면 인간적인 욕심일 수 있습니다. 욕심과 간절한 기대는 믿음이 아닙니다.

자식이 간질로 심히 고생해 자주 불에도 넘어지며 물에도 넘어진다면 부모가 자식의 병 낫기를 위해 얼마나 간절히 기도하겠습니까? 그러나 간절한 기도와 믿음은 다릅니다. 예수님은 항상 "네가 믿느냐?"고 질문하셨습니다. 예수님은 사랑하는 제자들에게도 "어찌하여 의심하느냐, 믿음이 없는 자들아"라고 꾸짖으셨습니다.

한편 예수님은 이방인 백부장의 믿음을 보시고는 "이스라엘 중 아무에게서도 이만한 믿음을 보지 못하였노라"(마 8:10)고 말씀하셨습니다.

또한 마가복음 7장을 보면 헬라인이요 수로보니게 족속인 한 여인이 예수님께 나아와 자기 딸에게서 귀신을 쫓아내 주실 것을 요청했습니다. 예수님은 "자녀로 먼저 배불리 먹게 할지니 자녀의 떡을 취하여 개들[이방인]에게 던짐이 마땅치 아니하니라"(마 7:27)라고 말씀하셨습니다. 그러자 그녀는 상 아래 개들도 아이들이 먹던 부스러기를 먹는다면서 자신을 개에 비유했습니다. 여인은 절대적으로 예수님께 의지했습니다. 예수님은 여인의 믿음을 보고 깜짝 놀라 크게

칭찬하시고 그녀의 딸을 치유해 주셨습니다. 예수님의 치유 사역에서 핵심은 항상 믿음의 문제였습니다.

예수님은 우리 모두가 병들어 아파하며 형편이 어려운 상황을 매우 잘 알고 계십니다. 우리의 문제가 심각한 것도 잘 아십니다. 그러나 그것이 정말 믿음인지, 단지 간절한 바람인지는 생각해 볼 필요가 있습니다. 예수님이 정말 고쳐 주실 것을 믿는지, 예수님을 정말 믿는지가 중요합니다. 예수님은 항상 우리의 믿음을 확인하십니다.

의심, 공포, 마귀를 이기고
믿음으로

넷째, 믿음으로써 치유됨의 축복을 누리려면 의심과 두려움과 싸워야 합니다. 믿음을 가지려 할 때 우리는 마치 낭떠러지에서 떨어지는 것과 같은 기분이 듭니다. 만약 우리가 치유됨의 기적을 쉽게 믿을 수 있다면 예수님이 이처럼 믿음에 대해 강조하시지는 않았을 것입니다.

어쩌면 우리가 믿는다고 고백하는 모든 믿음이 사실은 가짜일 수 있습니다. "아멘, 믿습니다"라고 말은 하지만, 마음속에 들어가 보면 개인적인 욕심이고, 더욱 들어가 보면 인간적인 욕망일 수 있습니다. 생명이 있는 약속의 말씀에 대해 인간적인 지식, 이성, 경험 등으로 동의한 것일 뿐 믿음은 아닌 것입니다. 만약 진짜 믿음이라면 기적은 반드시 일어나게 되어 있습니다. 그러므로 믿음을 가지려면 가장 먼저 불신앙과 싸워야 합니다.

또한 우리가 믿음을 가지려 하면 마음속에 두려움이 생깁니다. 믿음은 기적을 만드는데, 그 기적이 낯섭니다. 그 순간 '내가 정신이 이상해졌나?' 하는 생각이 들면서 불안해집니다. 그리고 인간은 절망적으로 느껴지는 환경에서는 모든 것이 무모해 보여 아무것도 믿지 않게 됩니다. 배고프고, 절망적이고, 불가능해 보이는 모든 것이 믿음의 장애물입니다.

우리가 믿음을 갖지 못하게 되는 또 하나의 결정적인 이유가 있습니다. 마귀의 속임수 때문입니다. 마귀는 우리에게 거짓 환상을 심어 줍니다. 우리의 죄가 이미 없어졌는데도 여전히 죄가 있다고 거짓으로 속삭입니다. 우리의 과거 습관이었는데도 마치 현실인 것처럼 인식하게 만듭니다. 우리는 믿음을 갖지 못하도록 방해하는 장애물들을 뚫고 나아가 하나님을 믿는 경지에 이르러야 합니다.

제가 요즘 새롭게 발견한 사실이 하나 있습니다. 저는 키가 커서 허리가 좀 굽었습니다. 어느 날 "하나님, 허리를 쫙 펴게 해 주세요"라고 기도했더니 놀라운 일이 일어났습니다. 허리가 펴진 것이 아닙니다. 제 속에서 순간순간 허리를 펴라는 소리가 들립니다. 그렇다 보니 자꾸 허리를 펴야겠다는 생각이 들고 신경이 쓰여서 허리를 펴게 됩니다. 이처럼 성령의 역사는 우리로 하여금 계속 생각나게 합니다. 마찬가지로 마귀의 역사도 계속 생각나게 합니다. 성령의 역사가 하나님과 관련된 사실을 자꾸 생각나게 하는 반면, 마귀의 역사는 죄를 계속 생각나게 합니다.

진정한 믿음을 가지려면 지속적으로 성령을 생각하고 성령의 임재 가운데 들어가야 합니다. 끊임없이 성령과 교제를 나누어야 합니다. 우리 마음속에서 "나는 행복하다", "나는 치유되었다"는 성령의 소리가 날마다 들려야 합니다. 그러면 모든 우울증과 불행이 사라질 것입니다.

우리는 하나님의 자녀가 되었습니다. 이제 하나님과의 부자 관계를 믿고 예수님의 이름으로 죄와 저주와 절망과 질병, 슬픔, 고통, 죽음 등이 모두 떠났다고 선언해 보십시오. 이 선언과 기도를 계속적으로 드림으로써 우리의 마음속에 성령이 주시는 열정과 아이디어와 힘이 샘솟기를 간절히 바랍니다.

치유됨의 능력과 축복을
구하는 기도

주여!

나의 믿음 없는 것을 도와주소서.

나의 지식, 이성, 상식, 경험의 벽은

하나님의 말씀을 자꾸 거절합니다.

이성의 세계를 뚫고 믿음의 세계로 들어가게 하소서.

이제 나는 믿음으로 치유됨의 능력과 축복이

이미 내게 주어졌음을 선포합니다.

예수님이 내 병을 다 짊어지셨습니다!

예수님이 채찍에 맞으심으로

내 모든 질병은 이미 치유되었습니다!

질병, 죽음, 저주, 마귀의 권세는

내게서 이미 모두 떠나갔습니다!

지금 내게 성령의 기름 부으심을 허락해 주시고

병 고침을 받는 불의 역사를 내려 주시옵소서.

예수님의 말씀을 믿고,

입으로 고백하고, 선포하는 이 순간,

모든 질병이 치유되는 기적이

오늘 내게 일어나게 하옵소서.

주여, 영광과 존귀를 받아 주시옵소서.

복음을 믿으면 '이미'

의인이
되었습니다

²⁸ 우리가 알거니와 하나님을 사랑하는 자 곧 그의 뜻대로 부르심을 입은 자들에게는 모든 것이 합력하여 선을 이루느니라 ²⁹ 하나님이 미리 아신 자들을 또한 그 아들의 형상을 본받게 하기 위하여 미리 정하셨으니 이는 그로 많은 형제 중에서 맏아들이 되게 하려 하심이니라 ³⁰ 또 미리 정하신 그들을 또한 부르시고 부르신 그들을 또한 의롭다 하시고 의롭다 하신 그들을 또한 영화롭게 하셨느니라(롬 8:28-30).

하나님의 은혜 안에
들어가는 비결

복음의 중심에는 예수님이 계십니다. 다시 말해, 예수님이 우리에게 복음의 능력과 축복이 되십니다. 복음의 능력과 축복은 이미 주어졌습니다. 우리에게 미래는 이미 주어졌습니다. 우리가 미래를 향해 가는 것이 아니라, 하나님이 약속하신 미래가 우리에게 다가오고 있는 것입니다.

문제는 우리가 이미 우리에게 주어진 하나님의 은혜 안에 들어가야 한다는 것입니다. 어쩌면 우리는 은혜의 문턱에 서 있는 것과 같습니다. 오랫동안 은혜를 바라보기만 했지 은혜 안으로 들어가지를 못했습니다. 마치 배고픈 사람이 맛있는 음식을 눈앞에 두고 바라만 볼 뿐 먹지 못하는 것과 같습니다. 얼마나 답답한 일입니까! 목마른 사슴이 시냇물을 찾기에 갈급함 같은 심정입니다.

그렇다면 이미 우리에게 주어진 하나님의 은혜와 능력과 축복 안에 어떻게 들어갈 수 있을까요? 하나님의 은혜 안으로 들어가는 비결은 하나밖에 없습니다. 바로 믿음입니다. 우리가 많은 말씀을 들었고, 많은 설교를 들었으며, 많은 훈련을 받았지만 은혜 안으로 들어가지 못한 이유는 단 하나, 믿음이 없기 때문입니다.

몰라서 믿음이 없는 것이 아닙니다. 마치 수영을 배우는 사람이 준비 운동을 하고 물속에 들어가려다가 멈칫하고는 '아니야, 아직은 준비 운동이 더 필요해' 하면서 또다시 준비 운동만 하면서 맴도는 것과 같습니다. 믿음을 갖고 물속으로 뛰어들어야 하는데 말입니다. 더 이상 은혜의 문 앞에서 머뭇거리지 마십시오. 은혜 안으로 들어가는 것이 믿음입니다.

예수님은 믿음이 없는 제자들을 보고 너무 답답하고 속상해서 "믿음이 적은 자들아, 믿음이 있을지어다" 하고 책망하셨습니다. 게다가 예수님은 그 말씀을 십자가에 못 박히시고 부활하신 후에까지 하셨습니다.

우리는 어떻습니까? 인생의 현실적인 문제에 부딪혔을 때 믿음이 없어서 의심하고 두려워 은혜 안으로 뛰어들어가지를 못합니다. 교회를 계속 다니면서도 믿음이 없습니다. 설교를 통해 하나님의 말씀을 계속 들으면서도 믿음의 행동은 하지 않습니다. 이제는 믿음의 결정적인 행동을 해야 할 때입니다.

믿음은 개인의 신념, 비전, 확신, 지식, 이성, 체험 등이 아닙니다. 그것은 믿음과 비슷하지만 진짜 믿음은 아닙니다. 우리는 지금껏 속았습니다. 예를 들어, 어떤 사람은 "믿습니다", "선포합니다"라는 말을 입술로 내뱉은 것이 믿음이라고 착각하며 지내 왔습니다. 입술의 고백은 믿음과 아무런 상관이 없습니다. 또 어떤 사람은 "믿습니다. 믿습니다" 하며 주문을 외우듯 고백합니다. 역시 진짜 믿음이 아닙니다. 우리는 마음속에서 진정한 믿음을 가져야 합니다.

믿음은 도전이고 모험입니다. 우리는 위기의 순간

을 견디지 못해 믿음을 갖지 못합니다. 믿음의 모험을 하려고 하면 사람들에게 창피를 당할 것만 같고, 손해 볼 것 같다고 생각합니다. 그래서 감히 믿음으로 도전하지 못합니다.

믿음의
3가지 충족 조건

진정한 믿음인지 확인하기 위해서는 3가지 측면에서 충족되는지를 살펴보면 됩니다.

첫째, 하나님의 말씀에서 오는 믿음이어야 합니다. 믿음은 개인의 생각이나 판단이 아니라, 성경에 기록된 하나님의 말씀을 믿는 것입니다. 우리는 말씀을 취사선택해 선별적으로 믿는 경향이 있습니다. 이는 매우 위험한 일로서 있을 수도 없고 있어서도 안 됩니다. 그런 사람은 '내가 50년 동안 아파서 여러 번 수술까지 받았고 지금도 약을 먹고 있는 중인데, 어떻게 말씀 한마디를 믿고 치유받을 수 있겠느냐' 하며 하나님의 말씀을 믿지 않습니다. 그러나 믿음은 내 생각이나 정황을 따르는 것이 아니라 하나님의 약속된 말씀을 있는 그대로 믿는 것입니다.

둘째, 예수 그리스도의 십자가 사건을 믿는 믿음이어야 합니다. 믿음은 예수님이 십자가에 못 박혀 돌아가실 때 흘리신 보혈의 능력이 내 안에 들어오는 것입니다.

셋째, 성령의 기름 부으심을 경험하는 믿음이어야 합니다. 성령은 우리로 하여금 하나님의 말씀이 믿어지게 하시고, 그 말씀이 죽은 말씀이 아니라 살아 있는 말씀이 되어 자꾸 생각나게 하십니다. 성령의 기름 부으심이 임하면 때마다, 일마다, 사건마다, 시간마다 하나님의 약속의 말씀이 생각납니다.

우리의 영혼에 예수 그리스도의 보혈의 능력이 충만하게 흐르기를 바랍니다. 성령이 충만하면 믿음이 불끈불끈 솟아납니다. 그러면 모든 불안과 염려가 사라집니다.

우리의 걱정과 근심, 염려와 불안은 2가지 방법으로 사라집니다. 한 가지 방법은 순간적으로 사라지는 것이고, 또 하나는 점진적으로 사라지는 것입니다. 우리가 예수 그리스도를 믿으면 그리스도의 보혈로 순간적으로, 단번에, 일회적으로 죄가 없어져서 구원받습니다. 그 순간 저주와 걱정과 근심과 염려와 불안도 사라집니다. 그러나 예수님을 믿는 성숙한 사람이 되는 일은 평생에 걸쳐 점진적으로 이루어집니다. 예를 들어, 아무리 병이 순간적으로 치유되었어도 운동하지 않고 음식을 조절하지 않으면 또 아플 수밖에 없는 것과 같습니다. 우리는 이 2가지 방법을 잘 구분해야 합니다.

우리는 "내 죄는 없어졌다", "저주는 떠났다", "병은 치유되었다", "나는 하나님의 자녀다"라고 선포해야 합니다. 믿음으로 확신 가운데 선포할 때 순간적으로 모든 불안, 걱정, 고독, 고아 의식이 사라지고 하나님의 아들 된 의식이 충만해집니다. 그러면 두려움이 온데간데없이 사라집니다.

사람들은 두려움을 느낄 때마다 인간적인 행동을 취하기 마련입니다. 그러나 믿음을 가진 사람들은 다릅니다. 그들은 하나님을 전적으로 믿습니다. 자기 스스로의 힘으로 하려고 하지 않습니다. 믿음으로 우리 안에 있는 모든 불안과 염려가 사라지고 죄의 짐과 영향력이 자취를 감추기를 바랍니다. 모든 저주와 억압이 사라지기를 바랍니다. 각종 질병과 상처가 회복되기를 바랍니다.

많은 성도님이 "예수님의 7블레싱"을 주제로 한 말씀을 듣는 중에, 또한 그 말씀을 붙들고 개인적으로 기도하는 중에 성령의 역사를 체험하셨다는 이야기를 들었습니다. 그분들의 간증을 가만히 들어 보니, 결론은 하나였습니다. 말씀을 듣고, 읽고, 붙들고 기도하는 중에 마음속으로 '내 병이 나을지어다'라고 선포했더니 병이 순식간에 나았다는 것입니다. 그분들은 이미 주어진 복음의 능력과 축복을 자기 것으로 만든 것입니다. 우리 모두가 이미 주어진 복음의 능력과 축복을 자기 것으로 만든다면 얼마나 좋겠습니까! 믿음이 열쇠입니다.

우리가 예수님을 믿으면서 버티고 살 수 있는 이유는 자연적인 생명력 때문입니다. 사람은 병이 저절로 치유되는 자연 치유력을 갖고 있습니다. 햇빛을 받아도, 바닷가에서 산책을 해도, 맑은 공기를 마셔도 자연 치유가 일어납니다. 그러나 성령이 임하시면 영적 치유가 일어납니다. 우리에게는 자연 치유와 더불어 영적 치유도 함께 일어나야 합니다. 하나님의 말씀은 우리의 이성을 깨우는 작업이 아니라 인간의 영을 변화시키는 능력입니다. 하나님의 말씀, 보혈의 능력, 성령의 역사가 우리의 기도 속에 임하기를 바랍니다.

영을 의롭게 변화시키는 능력의 말씀

예수님의 7블레싱 중에서 다섯 번째로 복음의 능력과 축복은 의롭다 하심의 축복입니다. 곧 하나님이 우리의 영을 의롭게 하시는 것입니다. 로마서 8장 28-30절은 "우리가 알거니와 하나님을 사랑하는 자 곧 그의 뜻대로 부르심을 입은 자들에게는 모든 것이 합력하여 선을 이루느니라 하나님이 미리 아신 자들을 또한 그 아들의 형상을 본받게 하기 위하여 미리 정하셨으니 이는 그로 많은 형제 중에서 맏아들이 되게 하려 하심이니라 또 미리 정하신 그들을 또한 부르시고 부르신 그들을 또한 의롭다 하시고 의롭다 하신 그들을 또한 영화롭게 하셨느니라"라는 말씀으로 '의롭다 하심'의 개념을 설명합니다.

이제 저는 당신을 잠시 법정(法庭, a court)으로 초대합니다. 이유는 '의롭다 하심'이라는 단어가 법정 용어로서, 법정에 섰을 때 그 뜻을 더욱 잘 이해할 수 있기 때문입니다. 법정에 가면 한 사건을 두고 피고인이 있고, 피고인을 기소한 검사가 있으며, 피고인을 변호하는 변호사가 있습니다. 그리고 그 앞에는 재판장이 자리하고 있습니다. 이것이 보통의 법정을 묘사한 그림입니다.

우리는 그 법정에 피고인으로서 부름을 받았습니다. 즉 죄를 지어 사형 받아 마땅한 존재로 서게 된 것입니다. 검사는 율법입니다. 율법이 피고인 우리가 사형에 해당한다고 주장합니다. 사면초가에 빠진 우리를 변호해 주시는 분이 바로 예수 그리스도이십니다.

그리고 검사의 논고와 변호사의 변론을 충분히 들은

후 가장 지혜롭게 판결을 내려 최후로 선고하시는 분은 하나님이십니다.

재판장이신 하나님이 마지막으로 결론을 내리십니다. 결론은 무죄냐, 유죄냐 둘 중 하나이며, 중간 형태는 없습니다. 하나님이 예수님의 십자가 변론을 들으시고 마지막 최고의 권위를 가지고 내린 결론을 온 인류에게 선고하신 내용은 바로 "무죄!"입니다.

이것이 '의롭다 하심'이라는 단어의 뜻입니다. 하나님이 우리를 의롭다 여기시고 낙인을 찍어 주신 것입니다.

믿는 자에게 "의롭다"고 선언하신 하나님

우리는 하나님께 죄를 범해 사형을 선고받아 죽은 존재들입니다. 에베소서 2장 1-3절은 이에 대해 "그는 허물과 죄로 죽었던 너희를 살리셨도다 그때에 너희는 그 가운데서 행하여 이 세상 풍조를 따르고 공중의 권세 잡은 자를 따랐으니 곧 지금 불순종의 아들들 가운데서 역사하는 영이라 전에는 우리도 다 그 가운데서 우리 육체의 욕심을 따라 지내며 육체와 마음의 원하는 것을 하여 다른 이들과 같이 본질상 진노의 자녀이었더니"라고 말합니다.

아담과 하와 이후 모든 자손은 사형을 선고받아 죽은 자들입니다. 그런데 율법이 우리를 기소할 때마다 예수님이 십자가에서 보혈을 흘리심으로 계속 변론해 주셨습니다. 그리고 마지막으로 우리의 영원한 재판장이신 하나님이 최종 선고를 내리셨는데, 그 내용은 무죄 선언이었습니다. "너는 의롭게 되었다"고 선고하신 것입니다. 사람은 의롭지 못하지만 예수님의 대속으로 말미암아 하나님이 의롭다 하심으로써 의롭게 된 것입니다.

사형 선고를 받았다가 무죄 선고를 받았으니, 기쁜 나머지 눈물을 흘리며 춤을 추는 것이 마땅하지 않겠습니까? 긴 재판 끝에 "당신은 무죄요!"라는 소식을 듣는 순간, 우리의 모든 상처가 치유되고 회복되지 않겠습니까?

예수님이 우리를 위해 친히 보혈의 변론, 십자가의 변론을 해 주셨습니다. 우리의 죄가 주홍 같을지라도 눈과 같이 희어지게 하시고, 진홍같이 붉을지라도 양털같이 희게 하셨습니다(사 1:18). 하나님은 사형수로 살아가야 할 우리에게 무죄를 선언하셨습니다. 파렴치한 인생을 살아온 우리의 과거를 영광스럽게 바꿔 주셨습니다.

하나님이 우리에게 의롭다고 선언하신 후에 모든 결과가 달라졌습니다. 구치소에 갈 필요도 없고, 누가 우리를 조사할 필요도 없고, 정죄하거나 억압하지도 않습니다. 일제 시대 때 해방이 되었는데도 그 소식을 모르고 있던 일본 순사들은 아직 권력을 쥔 줄 알고 의기양양했고, 한국인들은 꼼짝 못하고 있었습니다. 그러다 해방 소식을 접한 순간, 입장이 완전히 뒤바뀌었습니다. 마찬가지로 우리의 입장도 바뀌었습니다. 죄인에서 의인으로, 저주받은 자에서 축복받은 자로, 병자에서 건강한 사람으로 변화가 이루어졌습니다.

그렇다면 우리가 할 일이 무엇입니까? "내 인생이 바뀌었습니다"라고 선포하는 것입니다. 그 선언만 할

뿐인데도 귀신이 무서워 떠나갑니다. 해방되었다는 복음의 소식이 들리는 순간, 의심할 필요가 없습니다. 그 사실을 모르면 마귀의 밥이 되어 계속해서 저주와 어둠 속에 갇혀 살 수밖에 없습니다. 태양이 떴는데도 지하실에 숨어서 밖으로 나오지 않는 것입니다. 이제 지하실에서 나오십시오. 병에서, 저주에서, 죄에서 나오십시오. 하나님이 우리에게 무죄 선언을 하심으로 우리는 의롭다 하심을 받았습니다.

의로움을
인정받은 근거

로마서 8장 28절은 "우리가 알거니와 하나님을 사랑하는 자 곧 그의 뜻대로 부르심을 입은 자들에게는 모든 것이 합력하여 선을 이루느니라"라고 말합니다. 우리가 의롭다 하심을 인정받은 근거가 무엇입니까? 하나님의 절대적인 사랑과 은혜입니다. '하나님을 사랑하는 자 곧 그의 뜻대로 부르심을 입은 자들에게'

의롭다는 선언이 적용되는 것입니다.

이에 대해 로마서 3장 23-24절은 좀 더 깊고 자세하게 설명하고 있습니다. "모든 사람이 죄를 범하였으매 하나님의 영광에 이르지 못하더니 그리스도 예수 안에 있는 속량[구속, 개역한글]으로 말미암아 하나님의 은혜로 값없이 의롭다 하심을 얻은 자 되었느니라." '의롭다 하심'과 '구속'은 동일한 용어입니다. '의롭다 하심'은 법적 용어이지만, '구속'은 상업적 용어로서 사고파는 관계를 말합니다.

예수님 당시에는 노예 제도가 있었습니다. 노예를 돈을 주고 사면 주인의 소유물이 되었습니다. 주인에게는 소유물인 노예를 자기 마음대로 처분할 수 있는 권리가 있었습니다. 좋은 주인은 노예를 풀어 주어 자유를 선물했습니다. 이것을 '구속'이라고 합니다.

우리는 예수 그리스도로 인해 죄의 노예에서 구속을 받았습니다. 달리 말하면, 하나님의 은혜로 값없이 의롭다 하심을 받은 사람들입니다. 우리는 이미 법적 근거로 의롭게 되었고, 상업적 근거로 예수님이 십자가에서 우리의 모든 죗값을 대신 지불해 주셔서 자유롭게 되었습니다. 다시 죗값을 치를 필요가 없습니다. 그러므로 자신이 죗값을 치르겠다고 이야기하는 사람은 예수님을 모욕하는 자입니다. 우리가 "예수님이 십자가에서 우리의 죗값을 치르셨고, 우리의 병 값을 치르셨고, 저주의 값을 치르셨다"고 선포하는 순간 죄와 병과 저주가 사라집니다.

이어지는 29절은 "하나님이 미리 아신 자들을 또한 그 아들의 형상을 본받게 하기 위하여 미리 정하셨으니 이는 그로 많은 형제 중에서 맏아들이 되게 하려 하심이니라"라고 설명합니다. 하나님이 우리를 의롭다고 하신 목적은 2가지입니다. 하나는 하나님의 아들의 형상을 본받게 하시기 위함이고, 다른 하나는 맏아들의 복을 주시기 위해서입니다. 맏아들의 상속권과 권위와 축복을 우리에게 다 주고 싶어 하신 것입니다.

의로움을 얻는
4가지 단계

하나님이 우리를 의롭다 하시는 과정은 4단계입니다. 30절을 보면, "또 미리 정하신 그들을 또한 부르시고 부르신 그들을 또한 의롭다 하시고 의롭다 하신 그들을 또한 영화롭게 하셨느니라"라고 말합니다.

1단계는 미리 아시고 정하신 것입니다. 즉 '예정'(豫定)입니다. 선택의 가장 큰 비밀은 그리스도 안에 감추어진 예정입니다. 삼위일체를 논리적으로 증명하기 어렵듯이, 예정도 마찬가지입니다. 그러나 신비스러운 진리는 하나님이 나를 미리 아시고 택하셨다는 사실입니다.

세상의 수많은 사람 중에 우리 부모님 사이에서 태어난 것, 게다가 과거나 미래도 아닌 현재에 태어난 것 등 생명의 신비는 설명되지 않는 부분입니다. 생명의 신비는 그대로 받아들여야 합니다. 꽃 한 송이와 눈물의 신비는 받아들이고 시를 써야지, 분석한다고 나서면 미궁에 빠질 뿐입니다. 하나님은 우리를 미리 정하셨습니다. 왜입니까? 알 수 없습니다. 해결하기 어려운 문제이지만, 하나님이 우리를 미리 정하셨다는 것이 성경이 말하는 진리입니다.

2단계는 예정하신 자들을 부르신 것입니다. 선택이 없으면 부르심도 없습니다. 하나님은 우리를 부지간에 부르신 것이 아니라 엄밀히 선택해 부르셨습니다. 그러므로 우리가 할 일은 부르심에 거절하지 않고 응답하는 것입니다. 3단계는 부르신 자들을 의롭다고 하신 것입니다. 4단계는 의롭다고 하신 자들을 영화롭게 하신 것입니다.

하나님은 우리를 미리 정하시고, 부르시고, 의롭다 하시고, 영화롭게 하셨습니다. 우리가 가진 모든 현실적인 문제는 이 틀 속에서 해결되어야 합니다. 이것이 의롭다 하심의 능력과 축복입니다.

우리는 의롭다 하심을 이미 선고받았습니다. 사실 우리는 피고 생활을 너무 오래한 탓에 피고 의식이 강합니다. 그것은 잘못된 문화입니다. 우리가 죄인이라는 것은 과거의 일입니다. 지금 우리는 의인으로서, 특히 하나님의 자녀로서 살고 있습니다. 우리는 태초부터 시작된 하나님의 사랑을 받기 위해 태어난 존재입니다. 우리가 하나님의 자녀가 된 것은 결코 우연이 아니라 하나님이 태초부터 나를 사랑하신 사건입니다.

이 사실을 깨달으면 깜짝 놀라 얼굴이 환하게 피어나기 시작합니다. 스스로가 고귀하고, 사랑스럽고, 신비롭게 느껴집니다. 이처럼 귀한 존재가 자살을 시도할 수 있을까요? 화를 낼 수 있을까요? 말을 함부로 할 수 있을까요? 절대 그럴 수 없습니다. 우리가 함부로 사는 이유는 이판사판, 자포자기에서 비롯된 것이며, 스스로를 천박하게 만들 뿐입니다.

우리는 하나님의 자녀로서 고귀하게 말하고 의젓한 승리자로 이 땅을 살아가야 합니다. 축복받은 자로서 훌륭한 인격과 품위를 갖고 인생을 살아갑시다.

의롭다 하심의 능력과 축복을
구하는 기도

하나님 아버지!

나는 하나님께 죄를 범해

사형을 선고받아 죽은 존재입니다.

그런 내게 "무죄!"를 선고하시고

나를 의롭다 하시니 감사합니다.

나는 예수님의 은혜로 의인이 되었습니다.

내 인생은 바뀌었습니다.

이제 의롭다 하심의 능력과 축복이

이미 내게 주어졌으니,

습관적인 죄가 모두 떠나가기를 원합니다.

죄에서 해방되었다는 복된 소식을 듣고

마귀에게 끌려가던 삶에 마침표를 찍기 원합니다.

걱정과 근심, 불안, 고아 의식이 사라지기를 원합니다.

모든 질병이 치유되기를 바랍니다.

주님!

하나님의 자녀들이 하나님이 선언하신

"의롭게 되었다"는 우렁찬 소리를 듣고

세상에 나가 자유하며 살게 하옵소서.

복음을 믿으면 '이미'

우리의 기도는
응답되었습니다

14 그를 향하여 우리가 가진 바 담대함이 이것이니 그의 뜻대로 무엇을 구하면 들으심이라 15 우리가 무엇이든지 구하는 바를 들으시는 줄을 안즉 우리가 그에게 구한 그것을 얻은 줄을 또한 아느니라(요일 5:14-15).

기도 응답,
믿음의 현실화

예수님의 7블레싱에서 여섯 번째 복음의 능력과 축복은 기도 응답의 축복입니다. 성경은 기도에 관해 많은 가르침을 기록하고 있습니다. 먼저, 예수님은 보리떡 5개와 물고기 2마리를 놓고 감사 기도를 하신 후에 5천 명이 넘는 사람들을 배불리 먹이시고 남은 조각으로 열두 광주리를 채우는 기적을 베푸셨습니다. 또한 십자가에 못 박히시기 전에는 겟세마네 동산에서 땀이 핏방울이 되도록 기도하면서 위기 상황을 극복하셨습니다.

성경에 기록된 말씀 가운데 요한일서 5장 14-15절,
"그를 향하여 우리가 가진 바 담대함이 이것이니 그

의 뜻대로 무엇을 구하면 들으심이라 우리가 무엇이든지 구하는 바를 들으시는 줄을 안즉 우리가 그에게 구한 그것을 얻은 줄을 또한 아느니라"라는 말씀은 기도에 관한 가장 핵심적인 내용을 담고 있습니다.

하나님이 이미 베푸신 은혜를 어떻게 우리에게 현실화할 수 있습니까? 믿음으로써 가능합니다. 많은 사람이 신앙생활을 하면서 설교도 많이 듣고 성경 공부도 많이 하며 갖은 노력을 다 하지만 결국 영적 빈곤 상태에 머물러 있는 이유는 믿음이 없기 때문입니다.

예수님도 제자들의 믿음 없음을 보고 너무 속상하셔서 "여기 기적이 있다. 그런데 왜 너희들에게는 믿음이 없느냐. 믿음만 있다면 이 기적을 너희가 다 가져갈 수 있을 텐데" 하며 책망하셨습니다. 한 예로, 베드로는 물 위를 걷는 기적을 경험했습니다. 하지만 의심하는 순간 곧 물속에 빠지고 말았습니다. 이에 대해 예수님이 보이신 첫 반응은 "믿음이 작은 자여 왜 의심하였느냐"(마 14:31) 하고 그의 믿음 없음을 꾸짖으신 것입니다. 우리에게 믿음의 축복이 있기를 바랍니다. 믿음은 선물입니다.

믿음을
자라게 하는 기도

은혜는 과거형이고, 믿음은 현재형입니다. 하나님이 이미 주신 은혜가 내 것이 되게 하는 것이 믿음이고, 그 믿음이 내 것이 되게 하는 통로가 바로 기도입니다.

기도에는 2가지 종류가 있습니다. 종교적인 기도와 생명적인 기도입니다. 먼저, 종교적인 기도는 형식과 방법, 그리고 전통에 치우친 기도를 말합니다. 우리가 드리는 대부분의 기도는 종교적인 기도라 할 수 있습니다.

쉽게 말해, 종교적인 기도는 희망적인 기도로서, 자신의 희망 사항을 하나님께 아뢰는 것입니다. "하나님, 이렇게 했으면 좋겠습니다. 저렇게 해 주십시오" 하면서 자신의 기대와 소원을 아뢰며 조르기 일쑤입니다. 안타까운 기도요, 목마른 기도입니다. 그러나 개인의 희망이나 기대에 찬 기도는 응답될 수도 있고 아닐 수도 있습니다.

다음으로, 생명적인 기도는 하나님의 약속의 말씀

에 기초한 기도로서 생명이 흐르는 기도요, 언약의 기도를 말합니다. 희망의 기도가 아니라, 이미 이루어졌음을 믿고 믿음으로 취하는 기도입니다. 치유가 되지 않았어도 "나의 병은 이미 고침을 받았습니다"라고 믿고 선언하는 기도입니다. "하나님, 의롭게 해 주십시오. 죄짓지 않게 해 주십시오"라고 기도하는 것이 아니라 하나님의 약속의 말씀을 믿고 "저는 의롭게 되었습니다. 제 죄는 용서받았습니다"라고 선포하는 것입니다.

새벽 기도인가, 금식 기도인가, 철야 기도인가는 중요하지 않습니다. 기도에 하나님의 언약의 말씀을 믿는 믿음이 있는가가 핵심입니다. 어떤 기도든 언약의 기도가 없다면 종교적인 기도에 불과합니다. 진정한 영적 기도, 생명적인 기도는 기도하기도 전에 이미 응답되었습니다. 우리는 기도가 이미 응답되었다는 사실을 믿고 하나님께 감사하고, 찬양하고, 선포하고, 인내해야 합니다.

본문인 요한일서 5장 14-15절을 좀 더 자세히 살펴보면, 먼저 14절은 "그를 향하여 우리가 가진 바 담대함이 이것이니 그의 뜻대로 무엇을 구하면 들으심이라"라고 말합니다. 우리가 하나님의 뜻대로 무엇을 구하는 것은 매우 중요합니다. 개인의 생각이나 욕심대로 구해서는 안 됩니다. 우리가 기도할 때 항상 예민하게 관찰해야 할 것은 자신이 드리는 기도의 내용이 성경 말씀과 일치하느냐, 하나님의 뜻에 부합하느냐입니다.

하나님이 나의 편이 되시는 것도 중요하지만 나도 하나님의 편이 되어야 합니다. 우리는 기도하면서 항상 하나님께 우리의 편이 되어 달라고 조르는 경향이 있습니다. 손해 보더라도, 잘못되어 가는 듯하더라도 우리가 하나님의 편에 서게 해 달라고 기도해야 합니다. 우리는 자기 뜻대로 구하고 나서 하나님의 뜻이라고 우길 때도 많고, 자기 뜻을 아뢰고 나서 기도했다며 착각하는 경우도 많습니다. 그러고는 하나님이 기도에 응답하시지 않는다며 마음에 상처까지 받습니다.

기도 응답은
이미 이루어진 것

본문 말씀은 우리가 하나님의 뜻대로 기도할 때 응답 받는다고 분명히 강조하고 있습니다. 그러므로 우리는 우리의 기도가 하나님의 뜻에 일치하는지를 3가지 관점에서 살펴봐야 합니다.

첫째, 기도는 성경 말씀과 일치해야 합니다. 우리가 드리는 기도에 대한 응답은 대부분 성경에 이미 나와 있습니다. 인간관계, 비전, 미래, 선택 등 모든 분야에 대한 해결책을 성경이 잘 답해 줍니다. 예를 들어서, "하나님, 죄를 지을까요, 말까요?"라는 식의 기도는 드릴 필요가 없습니다. 어쩌면 시간 낭비입니다. 성경이 우리에게 준수 사항과 금기 사항을 구분해 분명히 가르쳐 주고 있기 때문에 우리는 기도할 때 성경 말씀대로 기도해야 합니다. 이것이 분명한 기도 방법이고 기도에서 오류를 최소화할 수 있는 지혜입니다.

그런데 우리는 성경을 읽지 않기 때문에 성경에서

정답을 잘 찾지 못합니다. 성경 말씀을 충분히 많이 읽어야 합니다. 고시생들이 육법전서를 외우듯이, 성경 말씀을 읽고 또 읽고 몸으로 익혀야 합니다.

둘째, 기도는 예수 그리스도의 십자가가 중심이 되어야 합니다. 신구약 성경의 초점은 예수 그리스도께 맞춰져 있습니다. 우리는 예수님의 생각, 마음, 비전에 맞는 기도를 해야 합니다.

셋째, 기도는 성령의 음성과 일치해야 합니다. 성령이 인도하시는 대로 기도할 때 주님의 기도가 우리 안에 있게 됩니다.

이어지는 15절은 "우리가 무엇이든지 구하는 바를 들으시는 줄을 안즉 우리가 그에게 구한 그것을 얻은 줄을 또한 아느니라"라고 기록하고 있습니다. '우리가 무엇이든지 구하는 바를 들으시는 줄을 안즉'이라는 말은 우리가 구한 것이 이미 응답되었다는 의미입니다. 우리의 기도가 주님의 뜻에 일치하는지가 불확실한 것이 문제이지, 성경 말씀과 일치하고, 예수님의 십자가 중심이고, 성령의 음성과 일치한다면 기도 응답은 이미 이루어졌습니다.

인간에게 가장 현실적인 문제인 병 고침을 예로 들어 보겠습니다. 치유를 받기 위해 기도했는데 성경 말씀에, 예수님의 십자가에, 성령의 음성에 일치한다면 병은 이미 치유받은 것입니다. 이것이 기도의 신비입니다. 아직 손에 잡히지는 않았는데 응답은 왔습니다.

그러므로 우리가 할 일은 2가지입니다. 하나는 믿고 하나님께 감사하고 찬양하는 것이요, 또 하나는 기도 응답을 선포하는 일입니다. 때로 우리의 합리적인 이성이나 주변 사람들이 동의하지 않고 조롱할 수 있습니다. 그럼에도 불구하고 우리는 '우리의 가진 바 담대함'을 가지고 믿음으로 선언해야 합니다. 이미 기도가 응답되었다고 선포하십시오. 우리가 기도 응답을 감사하고 찬양하며 선포할 때 하나님이 영광을 보여 주실 것입니다. 하나님이 믿는 자는 영광을 보리라고 약속하셨기 때문입니다. 하나님은 절대로 실수하시지 않고, 실언도 없으시며, 약속하신 말씀을 그대로 이행하시는 분입니다.

기도 응답의 능력과 축복을
구하는 기도

하나님 아버지!

당신은 절대로 실수하시지 않고, 실언도 없으시며,

약속하신 말씀을 그대로 이행하시는 분입니다.

이 시간 약속의 말씀을 믿고 선포합니다.

우리의 기도는 다 응답되었습니다!

미래는 우리의 것입니다!

우리에게 기도 응답의 능력과 축복을

물 붓듯이 부어 주셔서 우리의 입술에서

감사와 찬송이 계속 흘러넘치게 하옵소서.

한 사람도 영적 빈곤 상태에서 허덕이지 않도록 하시고

하나님의 은혜가 강물처럼 흘러넘치는

역사가 일어나게 하옵소서.

비록 손해 보더라도,

잘못되어 가는 듯하더라도

하나님 편에 서서 하나님의 뜻대로 기도하게 하소서.

기도가 이미 응답되었다는 사실을 믿고

하나님께 감사하고,

찬양하고, 선포하고, 인내하게 하소서.

복음을 믿으면 '이미'
성령의 능력을 받았습니다

¹ 아볼로가 고린도에 있을 때에 바울이 윗지방으로 다녀 에베소에 와서 어떤 제자들을 만나 ² 이르되 너희가 믿을 때에 성령을 받았느냐 이르되 아니라 우리는 성령이 계심도 듣지 못하였노라 ³ 바울이 이르되 그러면 너희가 무슨 세례를 받았느냐 대답하되 요한의 세례니라 ⁴ 바울이 이르되 요한이 회개의 세례를 베풀며 백성에게 말하되 내 뒤에 오시는 이를 믿으라 하였으니 이는 곧 예수라 하거늘 ⁵ 그들이 듣고 주 예수의 이름으로 세례를 받으니 ⁶ 바울이 그들에게 안수하매 성령이 그들에게 임하시므로 방언도 하고 예언도 하니 ⁷ 모두 열두 사람쯤 되니라(행 19:1-7).

성령에 대해
무지한 현상

"예수님의 7블레싱"이라는 주제의 마지막 일곱 번째, 성령세례의 능력과 축복에 대해 나누겠습니다. 사도행전 19장 1-2절을 보면, "아볼로가 고린도에 있을 때에 바울이 윗지방으로 다녀 에베소에 와서 어떤 제자들을 만나 이르되 너희가 믿을 때에 성령을 받았느냐 이르되 아니라 우리는 성령이 계심도 듣지 못하였노라"라고 기록되어 있습니다. 사도 바울은 1, 2차 전도 여행을 마치고 안디옥으로 돌아와 잠시 휴식을 취한 뒤 3차 전도 여행을 떠났습니다. 그때 갈라디아와 부르기아를 거쳐 에베소에 도착했습니다.

에베소는 바울에게 많은 추억이 서린 곳입니다. 바

울은 1년 6개월 동안 에베소에 머물면서 훌륭하게 목회를 했고, 에베소를 떠날 때 교회의 장로들과 부둣가에서 만나 서로 부둥켜안고 눈물을 흘렸습니다. 그리고 바울은 다시 에베소를 방문했습니다. 바울이 없는 동안 에베소교회에는 아볼로와 그의 제자들이 있었습니다. 바울이 3차 전도 여행으로 다시 에베소에 도착했을 때 아볼로는 고린도에 머물고 있었습니다. 아볼로는 학문이 많고, 성경에 능하며, 하나님에 대해 전문 지식이 있는 사람으로서 복음을 잘 전한 학자였습니다. 아볼로가 예수님에 대해 잘 가르침으로써 많은 제자가 생겼습니다.

그런데 놀랍게도 아볼로는 성령에 대해서만은 침묵으로 일관했던 것 같습니다. 그는 요한의 세례에 대해서만 알 뿐, 성령세례에 대해서는 몰라서 가르치지 않았습니다. 이 내용을 사도행전 18장 24-25절은 "알렉산드리아에서 난 아볼로라 하는 유대인이 에베소에 이르니 이 사람은 언변이 좋고 성경에 능통한 자라 그가 일찍이 주의 도를 배워 열심으로 예수에 관한 것을 자세히 말하며 가르치나 요한의 세례만 알

따름이라"라고 전해 줍니다.

사람은 누구에게서 배우느냐에 따라 학문과 사상과 신앙의 색깔이 결정됩니다. 교회도 마찬가지입니다. 어느 교회에 다니느냐에 따라 신앙의 자세와 믿음의 성향이 달라집니다. 자유주의 신학을 공부한 사람에게서 배운 사람은 자유주의 사상을 갖게 되고, 복음주의 신학을 공부한 사람에게서 배운 사람은 복음주의 신앙을 갖게 됩니다.

알렉산드리아에서 난 아볼로에게서 배운 제자들은 학문도 있고, 성경 지식도 있으며, 예수님에 관한 복음도 있었지만 성령세례에 대해서는 전혀 몰랐습니다. 그들은 요한의 세례만 알았습니다. 성경에 대해서는 많이 알고 있지만, 성령에 관해서는 외면하고 상대적으로 덜 강조한 것입니다.

모든 그리스도인이 성령을 믿지만, 성령의 능력을 제한하는 경향이 있습니다. 성령의 역사는 매우 거대한데 우리는 그중에서 극히 일부분만 믿고 받아들이기 때문에 영적 빈곤 상태에서 허덕이며 살아가고 있는 것입니다.

회개를 위한
요한의 물세례

에베소에 도착한 사도 바울은 제자들의 영적 빈곤 상태를 직감했습니다. 바울은 대화를 통해 그들이 성령에 대해서는 무지하고 체험이 없음을 알고는 "그러면 너희가 무슨 세례를 받았느냐"(행 19:3)라고 질문했습니다. 그보다 앞선 2절에서는 바울이 에베소 성도들에게 "너희가 믿을 때에 성령을 받았느냐"라고 묻자 그들은 "우리는 성령이 계심도 듣지 못하였노라"라고 대답했습니다.

성령에 대해 잘 모르는 경우가 의외로 많습니다. 그저 예수님이 성령으로 잉태되셨고, 성경은 성령의 감동으로 기록되었다는 정도만 이야기하지 성령의 능력, 은사, 기적, 역사에 대해서는 들어 본 적도 없고 경험해 보지도 않은 성도들이 허다합니다. 에베소 성도들도 마찬가지였습니다. 그래서 바울은 "너희가 무슨 세례를 받았느냐"고 다시 물었던 것입니다. 그들은 '요한의 세례'라고 응답했습니다.

여기서 중요한 문제가 하나 등장합니다. 예수님을 믿고 구원받은 사람은 그 증표로 물세례를 받습니다. 우리는 모두 물세례를 받았습니다. 그러나 세례에는 물세례만 있는 것이 아니라, 매우 중요한 성령세례도 있습니다.

물세례를 누가 줍니까? 예수님 당시에는 요한이 물세례를 주었습니다. 요한은 "회개하라. 천국이 가까웠다"라고 외쳤습니다. 그때 참 믿음과 참 하나님을 사모하던 수많은 사람이 세례 요한에게 나아와 회개하고 물세례를 받았습니다. 요즘 교회에서는 목회자들이 성부와 성자와 성령의 이름으로 물세례를 베풉니다.

세례는 예수 그리스도를 믿는 자들이 그분과 함께 십자가에 못 박혀 죽고 그분과 함께 부활했음을 의미하는 구원의 표입니다. 우리는 회개를 의미하는 세례를 받습니다. 그런데 물세례를 받고 나서 변화되는 사람도 있지만 일반적으로는 영적 체험이 잘 일어나지 않습니다.

그렇다면 성령세례란 무엇이며, 누가 줍니까? 물

세례는 사람이 주지만, 성령세례는 예수님이 직접 주십니다. 물세례는 물속에 들어가거나 약식으로 물을 뿌려 대신하지만, 성령세례는 성령이 임재하셔서 성령과 불로 세례를 주시는 것입니다.

영적 충만을 위한
성령세례

다시 한 번 2절 말씀으로 돌아가겠습니다. 성경은 "이르되 너희가 믿을 때에 성령을 받았느냐 이르되 아니라 우리는 성령이 계심도 듣지 못하였노라"라고 기록하고 있습니다. 사실 우리가 예수님을 믿는다는 것 자체가 성령의 역사입니다. 그런데 에베소 성도들은 성령이 존재하신다는 말조차 듣지 못했습니다. 성령에 관한 지식이 전무했던 것입니다.

이를 통해 우리가 예수님을 믿고 하나님의 자녀가 된 놀라운 구원 역사는 우리의 이성이나 상식, 합리적 사고에 기초한 것이 아님을 알 수 있습니다. 우리가 예수님을 믿고, 그분을 구주로 영접하고, 예배드리고, 설교를 듣는 것은 모두 성령의 역사에 의한 것입니다. 성령이 계시지 않고 우리와 함께하시지 않으면 이런 일이 일어날 수가 없습니다. 주일에 골프 치러 가고, 낚시터로 가며, 등산을 가더라도 교회에 오지는 못합니다. 우리가 주일 아침에 교회에 오는 것은 개인의 의지나 습관 때문이 아니라, 성령이 우리의 마음을 주장하신 결과입니다.

우리가 계속해서 영적인 일을 찾는 것은 성령의 역사입니다. 우리가 예수님을 영접하게 된 것도 성령의 역사입니다. 우리에게 성령이 계시지 않으면 우리는 예수님을 믿을 수도 없습니다. 그럼에도 에베소 성도들은 이상하게도 예수님은 믿지만 성령에 대해서는 전혀 몰랐습니다.

고린도전서 12장 3절은 성령과 예수님을 영접하는 것의 관계를 잘 설명하고 있습니다. "그러므로 내가 너희에게 알리노니 하나님의 영으로 말하는 자는 누구든지 예수를 저주할 자라 하지 아니하고 또 성령으로 아니하고는 누구든지 예수를 주시라 할 수 없느니라." 우리는 분명히 성령이 우리 안에 계시기에 예수님을 주님으로 고백하고 영접한 것입니다.

우리 안에 성령이 계심을 확실히 믿어야 합니다. 에베소 성도들처럼 성령에 대해 듣지 못한 것 같고, 그분의 임재를 느끼지 못한 것 같더라도 분명히 성령은 우리 안에 계십니다. 그래서 우리가 찬송을 부를 때 기분이 좋고, 기도할 때 속이 시원하고, 하나님을 찾게 되는 것입니다. 이성의 작용으로는 이루어질 수 없는 일입니다. 성령이 계시기에 우리가 자꾸 주님의 은혜 안으로 들어올 수 있게 된 것입니다.

그러면 에베소 성도들의 문제가 무엇입니까? 성령에 대해 전혀 배우지 못했다는 것입니다. 말씀을 가르치는 사람이 성령의 진리에 대해 무지하고 경험이 전무하기에 침묵을 지켰기 때문입니다. 목회자가 성령에 대해 말하지 않으니 성도들이 성령에 대해 달리 들을 방법이 없었던 것입니다. 그러다 보면 성도들은 '나는 10년 동안 교회에 다녔지만 방언, 치유, 성령의 능력이 무엇인지 잘 모른다'면서 관심을 갖지 않습니다.

우리가 신앙생활을 답답하게 하는 이유가 있습니다. 믿었다가도 의심하게 되고, 은혜를 받았다가도 공허해지는 이유는 우리 안에 계신 성령을 가두어 놓았기 때문에, 그 진리를 무시했기 때문에, 그 가르침이 없기 때문입니다.

예수님이 성령과 불로
세례를 주심

사실, 우리 안에 계신 성령과 관련해서는 예수님이 이 땅에 오시는 길을 곧게 했던 세례 요한이 이미 모든 내용을 밝혔습니다. 사복음서를 통해 그 말씀을 확인해 보겠습니다. 먼저 마태복음입니다. "나는 너희로 회개하게 하기 위하여 물로 세례를 베풀거니와 내 뒤에 오시는 이는 나보다 능력이 많으시니 나는 그의 신을 들기도 감당하지 못하겠노라 그는 성령과 불로 너희에게 세례를 베푸실 것이요"(마 3:11). 세례 요한이 준 물세례는 회개를 위한 것입니다. 회개해야 예수님을 믿을 수 있고 하나님의 자녀로 거듭날 수 있기 때문입니다. 회개하지 않고 예수님을 믿을 방법은 없습니다. 회개 없는 구원은 없습니다.

교회에서 한 사람이 예수님을 믿기로 결정하면 문답을 한 후 세례를 줍니다. "당신은 예수님을 영접하기 위해서 완전히 회개했습니다"라는 표로 세례를 주는 것입니다. 예수님을 믿기로 결정한 증표로 삼기 위함입니다.

요한은 물세례는 회개의 세례라고 말했습니다. 그러나 물세례는 회개가 목적이나 결론이 아닙니다. 요한은 자신은 물로 세례를 주지만 뒤에 오시는 예수님은 성령과 불로 세례를 주실 것이라고 선포했습니다. 따라서 물세례를 받았다면 이제 예수님이 주시는 성령과 불 세례를 직접 받아야 하는 아주 중요한 숙제가 남아 있습니다.

성령세례는 예수님이 직접 주십니다. 우리도 성령세례를 받고 싶습니다. 오랫동안 예수님을 믿어도 성령과 불 세례를 경험하지 못했을 수 있습니다. 성령과 불 세례가 무엇인지 이해가 안 될 수 있습니다. 그런데 예수님은 분명히 예수 믿고 하나님의 자녀가 되었다면 자신이 직접 성령과 불로 세례를 주겠다고 말씀하셨습니다. 여기서 우리가 믿어야 할 사실은 "예수님이 믿는 자들에게 성령세례를 주기로 이미 결정하셨다"는 사실입니다.

　동일한 말씀이 마가복음, 누가복음, 요한복음에도 나옵니다. 먼저, 마가복음 1장 8절은 "나는 너희에게 물로 세례를 베풀었거니와 그는 너희에게 성령으로 세례를 베푸시리라", 누가복음 3장 16절은 "요한이 모든 사람에게 대답하여 이르되 나는 물로 너희에게 세례를 베풀거니와 나보다 능력이 많으신 이가 오시나니 나는 그의 신발 끈을 풀기도 감당하지 못하겠노라 그는 성령과 불로 너희에게 세례를 베푸실 것이요", 요한복음 1장 33절은 "나도 그를 알지 못하였으나 나를 보내어 물로 세례를 베풀라 하신 그이가 나에게 말씀하시되 성령이 내려서 누구 위에든지 머무는 것을 보거든 그가 곧 성령으로 세례를 베푸는 이인 줄 알라 하셨기에"라고 기록하고 있습니다.

이미 임한
성령세례에 대한 믿음

그렇다면 "당신이 예수님을 믿기로 결정하면 예수님이 직접 성령과 불로 세례를 주십니다"라는 말을 잘 생각해 보십시오. 이 말이 '공수표'(空手票)일까요? 그렇지 않습니다. 예수님은 우리가 금식을 잘하는지, 봉사나 헌금을 잘하는지를 확인하신 후에 성령과 불로 세례를 주시는 것이 아닙니다. 예수님은 누구든지 예수를 믿으면 직접 성령과 불로 세례를 주겠다고 약속하셨습니다.

따라서 문제는 성령세례가 임하였느냐, 임하지 않았느냐가 아니라, 성령세례가 임한 것을 믿느냐 믿지 않느냐입니다. 성령세례는 장차 올 것이 아니라 이미 왔습니다. 예수님이 허락하셔서 우리에게 이미 성령세례가 임했습니다. 문제는 우리가 그 사실을 믿지 않는 것입니다. 지금 우리는 성령에 대해 무관심합니다. 고귀한 보석을 내팽개친 것입니다. 신앙생활에서 가장 중요한 부분을 무시하고 있습니다. 따라서 성령이 우리 안에 계시지만 무용지물일 뿐입니다.

우리는 "예수님이 우리에게 성령과 불로 세례를 주신다"고 성경이 약속함에도 불구하고 우리가 영적 빈곤 상태에서 살아가는 원인이 무엇일까를 깨달아야 합니다. 우리가 예수님을 믿고 영접했다면 이미 우리는 하나님의 자녀가 되었습니다. 우리는 고아처럼 살 필요가 없는 사람들입니다. 그런데 많은 사람이 하나님을 믿으면서도 성령 없이 고아처럼 살고 있습니다.

우리는 하나님의 자녀로서 하나님의 보호, 인도, 양육, 축복을 받으며 당당하게 살 자격이 있습니다. 우리의 죄는 이미 용서받았습니다. 그러므로 우리가 지은 죄 때문에 더 이상 마귀에게 농락당하지 마십시오. 우리 안에 있는 모든 저주는 떠났습니다. 더 이상 마귀의 계략에 까불림당하지 마십시오.

저주는 떠났습니다. 죄는 용서받았습니다. 우리의 병은 치유되었습니다. 아무리 치유하기 어려운 병이 있다 할지라도 예수님이 십자가에서 상처를 받으심으로 우리는 나음을 얻었습니다. 우리는 의롭다 하심을 받았습니다. 우리의 기도는 이미 응답되었습니다.

따라서 우리는 이미 응답되었음을 믿고 감사를 드려야 합니다. 이때 필요한 것이 믿음입니다. 그 사실이 잘 믿어지지 않기 때문입니다.

우리는 고백할 때 "우리의 기도는 다 응답…"까지만 말합니다. "되었습니다"를 못하고 "되겠지요"라고 말합니다. "우리의 기도는 다 응답받았습니다"라고 자신 있게 대답하지 못합니다. 미래에 있을 일을 현재로 끌어올 힘이 없는 것입니다.

그러나 미래는 우리의 것입니다. 믿음의 힘으로 미래를 취해야 합니다. 우리는 미래에 기도가 응답될 것을 믿어야 합니다. 하나님이 우리의 자녀, 가정, 건강에 관한 기도를 이미 응답해 주셨음을 믿고 미래를 보고 미래를 들을 수 있어야 합니다. 미래는 누구도가 본 사람이 없습니다. 믿음 있는 사람만이 미래를 향해 걸어갑니다. 믿음 있는 사람만이 비록 가진 것이 아무것도 없고, 건강도 없고, 환경도 열악하지만 "내게는 예수님이 계시기에 미래는 내 것입니다" 하며 미래를 향해 한 걸음, 한 걸음 걸어갑니다.

우리는 날마다 집에 들어갈 때마다 떳떳하고 당당

해야 합니다. 왜냐하면 우리 안에 계신 하나님이 우리 집의 주인이시기 때문입니다. 문을 열고 집 안으로 발을 들일 때마다 '하나님이 들어가신다'고 생각하십시오. 이런 확신을 가지려면 믿음이 필요합니다. 모든 은혜는 믿음으로 내 것이 됩니다. 성령세례도 마찬가지입니다.

오순절, 첫 성령 강림 사건

오순절에 마가의 다락방에 120명의 무리가 모여 10일 동안 전심으로 기도했습니다. 그들은 성령이라는 사건을 체험해 본 적이 전혀 없었습니다. 오늘날 우리는 성령에 대해 알고 있지만, 당시 사람들은 예수님이 기다리라고 하신 성령의 실체를 알 길이 없었습니다. 하지만 그들은 오직 믿음으로 기다렸습니다.

여기서 한 가지 질문을 던질 수 있습니다. 120명이 모두 믿음이 좋았을까요? 예수님은 부활 후 자신을 제자들에게 보이시고 일시에 500여 형제들에게도 보이셨습니다. 하지만 곧 모두 떠나고 120명만 남았습니다. 그들 중에는 믿음 없는 사람과 믿음 있는 사람, 준비된 사람과 준비되지 않은 사람이 두루 섞여 있었을 것입니다. 심지어 옆 사람의 성화에 못 이겨 따라온 사람도 있었을 것입니다. 그런데 오순절에 홀연히 하늘로부터 급하고 강한 바람 같은 소리가 있어 그들이 앉은 온 집에 가득하며 마치 불의 혀처럼 갈라지는 것들이 각 사람 위에 하나씩 임하자 그들은 모두 성령 충만해졌습니다. 준비되지 않은 사람도 예외가 아니었습니다.

120명이 앉아 기도하던 다락방에 성령의 바람이 불었습니다. 사람들은 예전에 경험하지 못했던 이상한 분위기를 느끼고 모두 깜짝 놀랐습니다. 머리 위에 불이 떨어진 것 같았습니다. 성령의 임재가 시작된 것입니다. 봄이 오면 봄바람이 불고, 온 산천에 꽃이 피며, 초목에 새싹이 돋는 살아 있는 봄의 기운이 일듯이, 성령의 기운이 몸 안에 돌기 시작한 것입니다. 모든 사람이 성령으로 충만해지고, 얼굴이 죽어 있던 자가 화색이 돌고, 얼어붙었던 가슴이 뜨거워지는 등 말로 형용할 수 없는 영적 변화가 일어났습니다. 그리고 말을 하자 갑자기 방언이 터졌습니다. 이것이 성령세례의 첫 경험이요, 오순절에 있었던 성령 강림 사건의 대략적인 모습입니다.

본문인 사도행전 19장 4-5절은 "바울이 이르되 요한이 회개의 세례를 베풀며 백성에게 말하되 내 뒤에 오시는 이를 믿으라 하였으니 이는 곧 예수라 하거늘 그들이 듣고 주 예수의 이름으로 세례를 받으니"라고 말하며 우리에게 성령세례를 받는 방법을 알려 줍니다. 방법은 아주 간단합니다. 먼저 예수님의 이름으로 물세례를 받습니다. 그리고 성령세례를 받기 원한다고 기도하면 됩니다.

이어지는 6-7절 말씀은 "바울이 그들에게 안수하매 성령이 그들에게 임하시므로 방언도 하고 예언도 하니 모두 열두 사람쯤 되니라"라고 당시 상황을 전해 줍니다. 에베소 성도들이 예수님의 이름으로 성령세례를 받고 싶다고 하자 바울이 그들에게 안수했습니다. 그 일이 기회가 되어 성령이 물세례를 받은 사람들에게 임해 활동하시기 시작했습니다. 성령이 임하시자 놀랍게도 사람들이 순간적으로 자신도 모르게 방언도 하고 예언도 했습니다.

믿는 자들 안에
거하시는 성령님

성령세례는 이미 우리에게 임했습니다. 성령은 이미 임해서 우리 안에 계십니다. 예수님의 이름으로 이 사실을 인정하십시오. 그리고 이렇게 기도하십시오.

"하나님, 예수님의 이름으로 성령세례가 제게 임하기를 원합니다. 성령을 사모합니다."

우리는 하나님이 성령세례에 대해 약속하신 말씀을 믿어야 합니다. 예수님은 모든 믿는 자에게 성령과 불로 세례를 주겠다고 약속하셨습니다. 성령세례는 이미 우리에게 임했습니다. 우리는 그 사실을 인정하고 믿음의 열쇠를 은혜의 자물쇠에 꽂아 돌려서 뚜껑을 열어야 합니다.

그렇다면 성령세례를 받은 후에 우리에게는 무슨 일이 일어날까요? 하나님의 영이 마음속에 들어오시면 미처 생각지 못했던 놀라운 일들이 일어나 하나님께 찬양하며 감사하게 됩니다. 반드시 방언과 예언은 아닐지라도, 신기하게도 우리 안에 기쁨이 찾아옵니다. 미래에 대해 전전긍긍하고 불안하던 내 마음이 평안해집니다. 망할 것 같고 아무런 희망도 없는 내 마음속에 갑자기 '희망'이라는 단어가 생각나고, 언행과 생각이 긍정적으로 변하기 시작하고, 가슴이 뜨거워집니다.

지혜와 영적 분별력이 생기고, 삶의 태도와 사고방식이 변합니다. 사람을 대하는 태도도 달라집니다. 지겹던 일들이 기쁘고, 즐겁고, 감사하게 느껴지고 최악에서 최선을 만들어 냅니다. 자신감이 불끈 솟아나고 용기와 믿음이 생깁니다. 자녀를 보는 눈이 달라지고 기도가 변합니다. 신기하게도 자꾸 주님만 생각납니다.

이때부터 예수 믿는 일이 재밌고 신이 납니다. 삶에 30배, 60배, 100배의 열매가 맺히고, 나는 한 일이

별로 없는데 하나님이 친히 일하십니다. 이런 복된 역사가 우리 가정과 사업과 믿음에 일어나기를 간절히 바랍니다.

성령세례의 능력과 축복을
구하는 기도

하나님 아버지!
예수님은 누구든지 예수를 믿으면
직접 성령과 불로 세례를 주겠다고 약속하셨습니다.

성령을 사모합니다.
이 시간, 예수님의 이름으로 성령세례가
제게 임하기를 원합니다.
지금 하나님의 성령이 강력히 역사하신 줄 믿습니다.
어둠의 영, 죽음의 영은 떠날지어다!
저주의 영, 결박의 영은 떠날지어다!

우리를 부정적으로 만들고, 파괴하며,
음침하게 만드는 모든 결박이 풀어지고
성령이 우리 안에서 불로 역사하셔서
우리의 언행, 생각, 태도가 달라지게 하옵소서.
주님 주신 성령의 능력으로 오늘을 살아가며
그 복을 누리게 하옵소서.
주님을 찬양합니다. 영광을 받아 주옵소서.